新編 教えるということ

感动几代人的教师专业成长指南

[日] 大村滨（大村はま）著

教学这件事

中国青年出版社
CHINA YOUTH PRESS

**图书在版编目（CIP）数据**

教学这件事：感动几代人的教师专业成长指南/（日）大村滨著；李凌洁译.
—北京：中国青年出版社，2023.1
ISBN 978-7-5153-6791-0

Ⅰ.①教… Ⅱ.①大…②李… Ⅲ.①师资培养 – 指南 Ⅳ.①G451.2-62

中国版本图书馆 CIP 数据核字（2022）第188865号

## 教学这件事：感动几代人的教师专业成长指南

作　　者：[日]大村滨
译　　者：李凌洁
责任编辑：肖妩嫔
文字编辑：吴亦煊
美术编辑：佟雪莹
出　　版：中国青年出版社
发　　行：北京中青文文化传媒有限公司
电　　话：010–65511272 / 65516873
公司网址：www.cyb.com.cn
购书网址：zqwts.tmall.com
印　　刷：大厂回族自治县益利印刷有限公司
版　　次：2023年1月第1版
印　　次：2023年5月第2次印刷
开　　本：787×1092　　1 / 16
字　　数：99千字
印　　张：9.5
京权图字：01–2022–4565
书　　号：ISBN 978-7-5153-6791-0
定　　价：49.00元

# 目 录

# 教学是什么

# 时刻保持最佳状态

## 幸得良师益友

我是昭和三年（1928年）当的老师，今年（1970年）是我从教的第四十三年。在这期间，我一直是一名普通教师。这么说来我也算是各位的前辈。

日子过得可真快啊！不知不觉我已经守着教室过了这么长时间了。之所以一直坚守着这方小小的讲台，一是因为我很清楚自己的性格并不适合当领导，再就是对我来说，讲台的魅力远比当领导要大得多。今天，就请刚进入教师队伍的各位放轻松，来听我这个在教育行业干了大半辈子的老太婆唠叨几句吧。

从昭和三年到现在，日本发生了天翻地覆的变化。你若问女人的地位都发生了哪些大的变化，那我这个从大风大浪里摸爬滚打过来的人可就有话要说了。昭和三年那会儿盛行的还是旧时代的女性价值观，我刚好是在那个时候当的老师。可以说，我的从教生涯是与教育行业，乃至整个日本社会的变化，以及周遭环境的剧烈动荡相伴而行的。

在我年轻那会儿，理想女性的标准就是话少、温柔、老实。但这样的人是无法胜任学校工作的。首先，在学校工作必须要能说。同时还必须与时俱进，要和在新时代成长起来的孩子有共同语言。如今想来，那时候可真是不容易。那时的女老师们所承受的压力和痛苦，恐怕是男老师们根本无法想象的。一路走来，我都在不断地自我调节，仿佛重生了好几次，而最令我困扰的就是没有可以作为榜样的前辈。年轻时，我也曾有过很多前辈。只是在从教的四十多年里，那些前辈都已相继离我而去。作为一名女性教育工作者，我没有任何可以效仿的对象，遇到任何问题都得自己想办法应对。最近朋友总爱开我玩笑："你就要成为世界纪录保持者了，可千万别辞职啊！"虽说教育行业不乏工作了好几十年的人，但全日本恐怕再难找出一个像我这样从教四十三年的女老师了吧。既然成了稀缺品，那么只要身体允许，我就会一直工作下去。别看我现在说起这些好像云淡风轻的样子，其实每当回想起那些单打独斗的过往，便会忍不住心疼自己，不由得感慨这一路走来的不易！

幸运的是，我这一生结交到了许多良师益友，他们一直在默默支持着我。并且，在我初入职场的那十年里，优秀校长的言传身教更是让我受益匪浅。

昭和三年的经济大萧条让求职之路变得异常艰难。那时的状况与现在是截然不同的，大家都面临着"毕业即失业"的尴尬境况。大学毕业生在浩荡的就业大军中根本算不上什么人才，能找到工作就已经阿弥陀佛了。我虽然是从东京女子大学毕业的，但是在当时那个年代，女性只能上专科学校，不能考大学，只有仙台大学允许女性作为旁听生入学。也就是说，当时的日本女子大学和东京女子大学虽然都被称为"女子大学"，其实不过是两所专科学校而已，真正的大学是不面向女性招生的。光从这一点，想必大家就能对当时那个时代（的日本）有大致的了解了吧。另外，当时女子高中用的是专用教材，内容比男子高中的教材简单得多，为的就是不让女性在社会上出人头地。

在那个年代，女子大学和女子高等师范学校属于专门为女性设置的高等教育机构，学生人数非常少。尤其是东京女子大学，我是这所学校招收的第六届学生，因为学校刚成立不久，所以学生人数更是少之又少。因为女子高等教育机构，也就是现在的御茶水女子大学、奈良女子大学、东京女子大学、日本女子大学的学生人数很少，所以没有哪个人是抱着"玩玩"的态度去上学的，特别是我所在的东京女子大学，周围的同学都非常有个性，她们不仅对未来充满希望，还都将女性解放问题奉为自己的使命。她们每个人都有自己坚定的想法和对未来明确的展望。能结交到这样的朋友，是我在东京女子大学里最幸运的一件事。

## 在信州的教育氛围下工作

另外，因为当时就业特别困难，我虽然家住东京，但是别说东京了，就算寻遍千叶、埼玉附近的学校，也找不到任何工作机会。不过还算幸运，刚好当时有一位在长野县工作的朋友决定来东京，于是我就去信州补了他的缺。当时的我正好和大家年纪相仿，而在信州生活的那十年，成了我这一生当中无比宝贵的财富。

赴任之前，"大村，别忘了接下来这十年你可是去做学生的"，时任东京女子大学校长，我最敬重的安井哲老师（已故）拍着我的肩膀将我送出门，语重心长地对我说："我知道大学这几年你一直都是起早贪黑地在拼命学习。那么，请在接下来的十年里继续再接再厉，将这股拼命学习的劲头保持下去！千万别把自己当老师看……"其实，本来我是没有资格进东京女子大学的，是在一位传教士的帮助下才有了进学校学习的机会。因为担心成绩不好会被退学，所以我就拼命地学。这四年，我一直都是心无旁骛地在思考和阅读……而刚刚那一番叮嘱正是来自这位对我的情况了如指掌的安井老师。

此外，大学期间对我非常照顾的石村贞吉老师（时任东京女子大学教授）——一位专门从事《源氏物语》研究的老师，他是这样对我说的："去了信州后，要积极地向领导同事们学习，遇到不懂的就要多问。不要一知半解，任何事情要知其然，更要知其所以然。干上三年你便会成为学校的'老人'，到时候就会有'新人'来向你请教。所以，一定要在这三年间将所有事情都弄清楚，一有不明白的就要打破砂锅问到底。"

就这样，在与各位老师告别后，我前往信州赴任，在那边迎接我的是一位在信州教育界鼎鼎有名的校长。作为那个时代的人，校长总习惯对我以"您"相称。而我的前辈同事们，也就是所谓的"信州人"，个个都非常优秀。他们经常会问我各种各样的问题，比如，"你学习了吗？""你在做什么呢？"等。校长就是像父亲一样的存在，从年龄上来说也的确如此。放学后只要稍有磨蹭，他便会催促我："事情都做完了吧？做完就赶紧回去学习！"这在今天的你们听来一定觉得非常地不可思议吧？那时候就是这样，与今天鼓励加班的风气是截然不同的。我的整个青春就是在校长的"早点回去学习"的催促声中度过的。

那时还有语文课的前辈老师让我当他的助手，与他一同参与《万叶集》索引的编纂工作。这位老师曾是土屋文明老师的助理。他让我去查《佩文韵府》这本很难的中国辞典，见我不会查，便手把手地教我，并语重心长地对我说："无论如何你都必须学会查这本辞典。如果你觉得自己只是过来帮帮忙，不会查也没关系，那可就大错特错了。给《万叶集》编索引是必须用到这本书的。"我在这个当时以藏书著称的长野县诹访女高，也就是现在的二叶高中的语文教研室得到了极大的锻炼。年轻时有机会得到前辈们的悉心指导和栽培，真是荣幸之至。

另外，当时办公室里的言论也是十分自由的。老师们在对我进行严格要求的同时，又会格外关心照顾我。融洽的氛围让我这个最年轻的新人也能肆无忌惮地畅所欲言。在信州，很多老师都热衷于专题研究。像语文方面就有"源氏物语研究""万叶集研究"等研究课题。但我对这些研究是非常反感的。年轻气盛的我执意认为，做研究固然值得尊敬，但比起这些学术研究，老师更应该懂得"如何教大家写作文"。因为自从进入女子大学读书那日起，我就下定决心要当一名老师，并且一直都致力于教材方面的研究。语文教育界的泰斗级人物芦田惠之助先生想必大家都听过吧？我正好是先生的最后一批学生。所以在我的意识里，实践研究才是教育领域最应该做的事。

记得当时，有一位历史老师突然问我："你在研究什么呀？把你的题目说来听听。""我是这样记录作文，这样进行作文研究的⋯⋯"我的话音还未落，他便说道："口语始于平家物语时代，之后逐渐演变成了狂言①。我对口语的产生及其发展过程的认识都是通过做研究得来的。生活中的语言要经过多久才能成为真正的日语——这才是我们应该思考的问题。书面语是经过加工、提炼的语言，而口语则不然，它是人们当下脱口而出的。口语写不了文章，也写不了歌。不过这也正是研究口语的意义所在，你要不要也一起来？"他激情澎湃的推荐听起来的确有点意思，但是，面对他的盛情邀请，我选择保持沉默，不置可否。可到了第二天，又有很多人过来问我《万叶集》怎么样，芭蕉②怎么样⋯⋯终于，忍无可忍的我站在办公室的正中央，当着二十多位老师的面——当然校长也在其中——大声怒吼道："我只想研究作文教学，难道不行吗？"这件事后来就成了人们口中的一个故事。直到现在大家还会说："那一嗓子不正好化成了多年来你在课堂上的能量了嘛！"

就这样，我度过了教师生涯的第一个十年。应该也就是和你们一般大的年纪吧。而我那一嗓子"我只想研究作文教学，难道不行吗？"似乎把大家给镇住了，打那以后，"《万叶集》的研究很有意思"之类的声音便从我的耳边消失了，这让我清静了不少。那时候，信州有很多家政课老师。过去家政课的内容是家务、缝纫、体操，和语文、历史等所

---

① 狂言：日本剧种之一。
② 芭蕉：松尾芭蕉（1644—1694），日本江户时代诗人。

谓的不实用的学科还是有所区别的。当时整个信州仅有两名教语文的女老师，除我之外的另外一位是当时著名歌人岛木赤彦先生的女儿，久保田老师。当然，我们俩并没有一起共事过，久保田老师在一个很远的地方当语文老师，而我则是在长野县的诹访，一个很靠南的地方。过了不久，久保田老师就因结婚而辞职了，于是我便成了在信州任教期间唯一一位担任学科教学的女教师。然而，这并没有什么值得夸耀的。女性一般都只被当成半个劳动力。也正因为如此，年轻那会儿大家对我也没有什么要求。总之，老师们对我这个"年轻"的"女人"是没有任何要求的，我的工作就是学习，只要努力做自己想做的事，做与教育相关的事就可以了。那时的我真的很幸福。

接下来我要谈谈班主任制。三村安治校长是一位我十分敬重的校长。我想和大家分享一个三村校长的教育理念，可以说，信州教育就是在这个理念的引导下发展起来的。我所在的年级有五个班主任，三个班。班主任之间，以及班级之间都是平等的。比方说，班主任一般会趁早上课外活动的间隙去班里处理事情。由于老师们一般不会事前商定好自己要去的班级，而是在上楼时才随性做出选择，所以大家去哪个班总是没个定数。有时候五个人中会有两个人不去班里，有时候大家又会扎堆去往同一个班级。因而这个问题便成了教师会议上的"常客"，每次谈起，必定会出现"给每个班安排一个固定班主任，由其全权负责班级事宜"这样的意见。虽然这个问题总会被大家拿来讨论，但是，三村校长从来没有采纳过大家的意见。

　　对此，校长在教师会议上是这样解释的："学校的情况是'师多班少'，如果采用固定班主任制，就会多出一部分老师，就会出现这个老师当上了班主任，那个老师却当不上的情况。但如果给每个班安排两个班主任，势必会出现一主一从的局面。同时，也会出现有些班级有两个班主任，有些班级只有一个班主任的师资分配不均的情况。虽说这些都是基于教师人数而做的权宜之计，但孩子们可不这么想，他们会因此而对老师另眼相看。孩子们对待科任老师的态度与对待班主任的态度是完全不一样的。倘若两个班主任是平等的，那么给人的印象就是一个班由两个老师共同管理。于孩子们而言，所有老师是一样的，于是孩子们就会以同样的态度去对待每一位老师。然而，孩子们一旦在心里给老师划分了等级，那么他们就会无法专心学习，因为在内心深处总会有一个声音在提醒他们'这个老师不重要'。并且，孩子们自己是没有'努力学习'的自觉的。因此，如果得不到孩子们的尊敬，让他们对自己言听计从，就无法搞好教育。老师得不到平等的对待，就难免会被孩子们看轻。我当时是学校最年轻的老师，因为体格小年纪也小，头发好不容易才长到能绑起来的长度，而且穿着打扮也很学生，以至于总会引来街上人们的质疑：'那个人真的是老师吗？'可即便这样，也不能抱着'我才刚来，做得不好也情有可原'的心态，因为大家对老师的要求从来都是'只要站上讲台，就要有独当一面的能力'。对孩子们来说，上课时间是无比宝贵、无法重来的，所以即使是昨天刚当上老师的人，也要像拥有十年教龄的老师一样干练。所以，我们不能让孩子对老师产生区别对待的心理。"

我想大家通过这件事，应该能对昭和头十年的信州教育有个大致的了解了吧？

当时我还年轻，还不懂那么深的道理。我还是很想自己单独负责一个班级，像照顾自己的孩子一样去照顾班里的每一个学生。为此我特地找到校长，强烈表达了自己的愿望："正常情况下我是没有资格带班的，但我真的特别想带"，我还在校长面前附议了其他老师提出的固定班主任制。结果不仅没有收到正面答复，还被校长以一句"哎！太年轻了！太年轻了！"给赶出来了。我想现在的信州应该已经没有这样的学校了吧。不，应该说整个日本都没有了。现在学校采用的都是固定班主任制，或者就是在班里设置副班主任等。

固定班主任制在当时来讲其实是一个不错的选择。不仅顺应了时代的发展，也能让班主任承担起相应的责任，其意义非同小可，更何况当时围绕这个问题的矛盾已经如此尖锐，改变是势在必行的。然而，从情感上来说，三村校长话语里所饱含的对每一位老师的悉心呵护，以及不让任何一位老师被学生看轻的那种细致的关怀又让我铭感于心。我在学生面前会特别注意自己对年轻教师的态度。这种习惯应该就是那时受三村校长的影响而养成的。单独说话的时候怎么样都可以，但在学生面前时，必须对所说的每一个字都绷紧神经，处处小心。我们必须这样去培养年轻教师，必须爱护每一位年轻教师。

希望你们由此能更清楚地认识到，教育之地是容不得半点马虎的，

"我还年轻，失败了没关系"这样的想法也绝对不能有。对于学生来说，过去的每一天、每一刻都不可能重来。作为一名老师，我们必须时刻保持最佳状态。年轻不是我们的借口，因为一旦失败便永远无法弥补。一想到这些，我就更加深感教师之路学无止境。

# 持续学习与教研

## 做研究是从教的前提

虽然刚才我提到了自己曾因研究作文遭众人反对而勃然大怒的事，但我始终认为，"做研究"是教师的职责所在，"不做研究"的教师根本算不上"老师"。不过嘛，我现在的要求也放宽了不少，已经变成了"研究不用每天做，贵在持之以恒……"总之，那些远离"研究"的人，即使才二十出头，在我看来也是垂垂老矣。因为，他已经没有了进取之心。另外，做研究是件痛苦的事。丁点儿快乐的背后往往承载着无数的辛酸和苦楚。但那种快乐又是无可替代、弥足珍贵的。做研究必须要有强烈的"求知欲"，以及满腔的热情。否则一忙起来就容易顾此失彼。为什么我会说不做研究的教师算不上"老师"呢？那是因为孩子们是一个渴望成长却不自知的群体。无论多大的孩子，都有着对成长的强烈渴望。即使是成绩不好、不太聪明的孩子，他们对成长的渴望程度与其他孩子也是别无二致的。他们无畏向前，哪怕只是一小步。那个想要变得强大并满怀希望的人便是孩子。孩子是生活在学习的痛苦与快乐之中的一群人，潜心做研究的老师和他们是在同一个世界里的。而那些不做研究，与孩子不在同一个世界的老师，首先就不配"为人师表"。如果想和孩子们生活在同一个世界，那就不能只提高精神修养，还必须持之以恒地做研究。一个体会过研究的苦与乐，并乐在其中的人，无论他年龄多大，都算是年轻人，都是孩子们的好朋友。如果做不到这一点则是失职。"只要自己年轻，懂得用饱含爱意的眼神，用温柔可爱的语言与孩子们相处，并能带着他们一起玩儿，就能和孩子们处在同一个世界里"——这样的想法未免太过天真。事实并不是这样的。作为老师，最最重要的是要从每天的研究当中，深切体会到学习的苦与乐，与此同时，心里还要充满对进步的渴望。我认为这正是从事教师工作的前提条件。

我虽然已经从教多年，但从来没有在"研究"这件事上懈怠过。这大概也就是直到现在我依然可以和孩子们交心共处的原因吧。现在，尤其是上了年纪后，为了不和孩子们产生代沟，我愈发热衷于研究。具体落实到行动上，就是我每个月都会上一堂研究课。考虑到如果用自己擅长的方式讲课，虽然会进展得很顺利，却对自己毫无裨益，于是我决定走出自己的舒适区，换种方式上课。想必大家都知道东京教育大学（现在的筑波大学的前身）的仓泽荣吉教授吧？仓泽老师那里有很多从内地过来上学的"留学生"。他们中来上我的课的人竟然多达十五人，但这堂课并不是专门为他们开设的，只是请他们过来，参与每个月的研究教学而已。我现在研究的主题是"阅读指导"，今年是进入研究的第五年。因为会邀请像仓泽老师这样的大忙人以及各地的资深老教师来听课，所以我绝不会在课上重复以前做过的事，也绝不会使用现成的教材。而是以目标为导向，试着去实践某本书中的某一个理论。而这些理论一般都是来自仓泽老师等人的著作。"如果按照书中所写的内容去做，出来的效果是这样的，大家觉得这个理论是否可行？"——这就是我的研究态度。并且教材我一定会用最新的。我会为此准备一些谁都没有使用过，当然也不曾在教科书上出现过的新教材。教学方法也是如此，我会用到一些自己从未尝试过的方法，所以在这一个月里，我的压力是相当大的。整个人的状态和刚毕业那会儿一样，不知道该做什么，也不知道该怎么做，非常痛苦。尤其是在找不到教材的时候，那就只能废寝忘食地四处寻找。其实对一个从教四十多年的老教师来说，要呈现一堂精彩的课完全就是信手拈来的事，是没有任何压力的。如果允许使用已有的教学方法，或是曾经用过的方法，那么上课简直就是一件轻而易举的事。

可要是那样做的话人就老了，是精神上的衰老。任何事情，如果不能对自己的将来有所助益，就应当立即停止。在东京的公立中学工作的这些年，我遇到过各种各样的问题，却从未动过去私立附属中学或日比谷中学的念头。因为我希望自己的工作经验今后能为全国所有公立学校的老师所用，希望大家能从中获得新的灵感和启发。毕竟我们都是在公立学校任教，遇到的问题基本都差不多。而我每个月的研究课也不是为了谁而上，而是为了不让自己在教师这条路上故步自封。现在所吃的苦都是为了让自己的明天更美好。

虽然繁重的培训任务给大家带来了很大的压力，但我希望各位不管到多大年纪，即使成了所谓的"老人"，都不要忘记现在的这股热情。一个失去学习热情的教师，他和孩子们完全就是生活在不同的世界里。一个不了解学习的快乐和痛苦的教师，他和孩子们根本就不是同一类人。所以，无论这样的人说话多么温柔，都是无法抓住孩子的心的。因为他们根本就是不同世界的人。就像浦岛太郎去龙宫，回来后才发现，原来龙宫一日地上多年，自己已经成了另一个世界的人。

最近经常会听到这样的声音："我太忙，没功夫做研究。"很多时候，大家不过是拿忙碌当借口罢了。忙不是理由。活着的人都很忙，不忙的要么是病人，要么就是无用之人。人们常说"能者多劳"，也就是说，越忙的人他的能力也越强。我们应当告诉自己"他把工作交给我，是对我的肯定和信任"——事实也的确如此。其实我们在拜托别人的时候，找的那个"某某某"不正是那个干活干得又快又好的人吗？毕竟，要是事情被对方搞砸了，或者对方做得太慢，最终麻烦的还是自己。而忙碌的工作带给我们的则是工作效率的不断提升，以及个人能力的飞速成长。

因此，我们不妨这样来看待"学习"：我们并不是因为年轻才不得不参加培训，而是想通过培训去学习如何将年轻的心态一直保持下去。

此外，年轻时的我们常常会被叫去参加各种培训，但是随着年龄的增长，我们必须学会自己培训自己，只有这样才能成为一名合格的老师。一个人如果总是需要别人来教，那不就成学生了吗？只有学生才是受教于老师，一切听从老师的安排。而一个能够独当一面的人则是自定主题，自我训练，一直让自己保持年轻的心态。这才算得上是一名合格的老师。即使不被叫去参加培训，也要时刻思考"如何在把工作做好的同时，让自己与时俱进，与孩子们处在同一个世界里"，这一点至关重要。

## 请珍惜二十多岁时的想法

作为大家的前辈，我还想给各位年轻人一条忠告。想必大家现在都是二十出头的年纪吧？二十岁到三十岁是一个人思维最活跃的阶段。随着年龄的增长，人会积累越来越多的社会经验，会更加通晓人情世故，但创新式思维的爆发通常发生在二十岁到三十岁。这一点早已得到了理论和实践的双重证实。年轻时的我不懂这些，如今回想起在信州的那十年，很多事情的确就是这样。

正如之前所说，在信州的那段时间我完全就是在学习。那时候闲杂事务不多，我只需把教学工作做好就行，所以每天的生活都过得非常充实。我也从未因为女老师这个身份而受到过冒犯，也没有受到过过度的关注，那时候的日子过得可真是幸福惬意！直到现在，我都一直在不断践行着那时候想到的各种想法，可即便如此，依然还有很多都没有来得及做。我后来做的那些被大家拍手称赞的"有创意的好工作"，其实都是信州时期涌现出来的灵感，也就是所谓的想法。"这个如果这样做的话……"我的脑子里经常会冒出一些这样的想法。同时，我会立即将这些极不成熟的想法付诸实践。在一次又一次的实践中，时间不知不觉就过去了四十三个年头。我是23岁去的信州，33岁回的东京，直到现在我才深刻地认识到："那十年间涌现出来的想法是多么珍贵的宝藏！"如果能早些认识到这一点，我应该会去思考更多的事情。大家现在这个年纪正是思维最活跃的时期。虽说前辈们的确会想得更加全面成熟，但却缺乏独特性、创新性。所以说想法是二十多岁的年轻人的专利。请在接下来的十年里，一定要像学生一样勤奋努力，并且也请一定要珍惜自己的想法。

很多伟大的发明都是科学家在二十多岁时创造的，或者说，至少都是在这个年龄段打下的基础。而你需要做的，是记录下那些随时会涌现出来的灵感，然后想办法去实践。只要肯动脑筋，就一定会有好的想法。如果总以忙碌为借口，只想着照搬书里的内容敷衍了事，这对于一个二十出头的老师来说未免太浪费了。请试着开动一下脑筋吧！无论是语文还是化学实验，只要抱着"我要想出点新花样"的心态去尝试，就一定能想到好点子。心动不如行动，最好的时机就是当下。因此，请各位一定要珍惜自己的点子。

总之，别说五年，只要三年世界就能发生翻天覆地的变化。在你们接下来几十年的教师生涯里，时代的变化一定是大家始料不及的。而我们正在教的这些孩子正是肩负着建设二十一世纪重任的人。从这个意义上讲，我们的工作可真是责任重大！

如果人没有了想法，那机器可就比人要优秀得多。从这一点来看，"涌现出想法"真的是一个非常重要的人类特征。各位，请不要像个"老油条"一样，对别人说的话照单全收，言听计从，然后想尽办法蒙混过关，而应该"不断地去创新"。对于即将走上教师之路的你们来说，这会是一个非常好的起点。作为各位的前辈，我想再提醒大家一遍："请一定要珍惜现在这段二十多岁的宝贵年华。"

# 精进教学技巧

## 一个只会问"在家读了吗"的检查官

之所以把今天的主题定为"教学是什么"，是因为现在不"教书"的老师太多，这已经成了一个非常棘手的问题。那么，所谓的"不教书"究竟是怎么一回事呢？

以语文为例，学校经常会出现这种情况。有些老师在孩子进教室时，开口问的第一句话就是："在家读了吗？"会问出这句话的老师不就是什么都不教吗？学校毕竟是"学校"，是用来学习的地方。学校的学习应该在教室里进行，而不应该放在"家"里。就算学生会在家里学习，也只能是偶尔为之，不应该成为一种常态。总之，"家"（主要）是用来生活，而不是（主要）用来学习的。让孩子们在家里学习，这本身就有问题。

然而，老师并没有让孩子们在学校学习。"在家读了吗？"这个问题的言下之意就是你应该在家里完成最重要的"阅读"环节。于是家成了学习的地方，学校则成了检查室，一个用来检查是否都已经读完、是否都已经会读的地方。这样的学校真是太可怕了。但是我发现学校里这样的老师大有人在。

大家是不是也有过相同的经历？上学的时候，应该都被问过"在家读了吗"这样的问题吧？老师一定也叮嘱过你"在家要多读，读到流畅为止"，是吧？看着为了获得新知识一大早就赶来教室上课的孩子们，我忍不住想说："这让老师的脸往哪儿放！"

在学习阅读的阶段，"读"是至关重要的。如果一开始不陪着孩子们"读"，接下来又怎么来教大家呢？谁读得快谁读得慢，谁读漏了一行，这些老师都应该心中有数。如果连这些都不知道，那还怎么教？你知道哪个孩子读完五行就再也读不下去？哪个孩子每读五行就要休息一下吗？你知道多大的孩子是一个字一个字地读？多大的孩子能理解一整段文字的意思吗？其实现在很多孩子在刚上小学的时候就已经能做到这些了。不过我们必须保证所有学生在三年级时都能做到这些。不能只认识单个的字，还要理解词语的意思。等上了四年级，如果不能理解整个句子的意思那就麻烦了。看错行什么的就更糟糕。

有些孩子阅读时嘴唇会一直动，那是因为他们有发声阅读的习惯。

如果这个问题是在上了小学很久之后才被发现，那就太晚了。因为这样的孩子是无法进行快速阅读的。这是孩子母亲的责任。但如果一上小学就被发现了，那一切就还来得及。所以，请在孩子们进行第一次阅读时就赶紧找出这些问题。并且在找出问题后，一定要尽早对其进行干预训练。这是一项非常耗费精力的工作，孩子人数太多的话就会顾不过来。

另外，还有一些孩子虽然嘴唇不动，但是他们的声带会动。动声带其实就是在发声，只是没有把声音发出来而已。培养孩子的"默读"习惯是为了加快"阅读"速度。当下流行一个词叫"信息时代"，据说现在每天新发行的书就多得数不过来。如果不会选书，不能快速阅读，就不可能"读书百遍，其义自见"。当然，像《叹异抄》这类的书还是应该仔细品，反复读的，与此同时，也要具备快速阅读的能力，要能够一天读完五六本书才行。否则孩子们怎么能在这个信息时代生存下去？而这种速读能力，是指同时获取大量文字的意义，并不断将其输入大脑的能力。一旦将文字有声化，"默读"就变成了"诵读"，而"诵读"肯定是比"默读"慢的。一个不会默读的孩子，即使被要求默读，也还是会将文字念出来。

如果孩子不能在小学一年级时把这些习惯全部改掉，那以后也就很难再改掉了。而"在家读"是无法发现和纠正这些习惯的。会问出"在家读了吗"的老师其实就是什么都不教，他们把这个最重要的环节交给孩子在家完成，而自己却只会像检查官一样让孩子们在课堂上朗读，为的只是确认大家是否会读而已。如果能倒背如流，就给出一个"读得很好"的高评价。可这样真的就是"读得很好"了吗？另外，当一个孩子在读的时候，其他孩子又在做什么呢？当老师看到那些不会"默读"的孩子时，又会给予怎样的指导呢？于是，我把这些本该在学校做却没有做的事统称为"不教"。

这里的"教"指的是教学生如何"阅读"，所以在教的时候务必要让大家获得初次阅读的感动。然而，孩子们的初次感动却是在家里获得的。他们在家里读第一遍的时候的确会觉得"很有趣"，可是如此一来，课堂上的阅读便成了第二次读，而且一小时内还要被迫读好几遍……这是多么可悲的一件事！生活当中，我们一般都只会读一遍而已，哪有人会将同一篇文章读上好几遍的？这样做无非是为了图方便，多读几遍好让学生们快点学完文章内容。在曾经那个全日本只有不到十种儿童读物的年代，反复阅读的确有可取之处。但在当今这个信息时代，如果还在沿用以前那种古老的教学模式，那就是老师的"不教"了。

开卷的初次感动，难道不应该在学校完成吗？"教"指的就是老师要在第一次阅读时尽可能地发现孩子们的阅读问题，对症下药，根据孩子的个体差异给予不同的指导。孩子们高高兴兴地来上学就是为了获得专业老师的指导。可现在很多老师却是什么都不教，只检查大家在家里的学习成果，然后再布置作业，让大家拿回家做。教师这个职业难道就是这个样子的？如果这么无聊，那干着还有什么意思！答案当然是否定的，教室可是教师手把手教学生的地方。希望大家能在课堂上认真做好这一重要的"教学"工作。同时，我也希望大家不要再说"在家读了吗"这样的话。

电影中常常会出现"学生在教室里手捧书本，站着读课文"的场景。这些年电影的拍摄手法虽然有了很大的进步，但只要是学校的画面，就一定会出现这种我小时候才有的大正初期的课堂场景。这不仅反映出电影人对学校的不了解，以及人们对学校是"检查室"的刻板印象，也让我深刻意识到"学校已然成了最落后于时代的地方"。

话说各位的老师都是怎样教书的呢？大家一定要注意，人只要站上讲台，就会不自觉地模仿自己的老师。如果你们的老师有问"在家读了吗？"这类问题的习惯，恐怕你们也会这么问。可是必须明白的一点是，无论你的老师多么厉害，他都已经是过去的人了。而你们是培养新时代接班人的人，照搬前辈老师的做法是万万不可取的。

尤其是在战争年代当过老师的人，更应该认真思考"为什么我们会陷入战争的窘境"，而我后来之所以会去新制中学，其实也是源于对这个问题的思考。

战前，我在都立八潮高中（当时叫府立第八女子高中）任职，这所高中至今依然是诸所名校之一。我在那里工作了十年，对学校的一切都已轻车熟路。并且我也是在那里度过的战争时代。到了昭和二十二年（1947年），新制中学正式成立。我实在没办法继续在之前的学校从事新时代的工作。毕竟就在昨天，我还在那个校园里和大家奋力踩过缝纫机，作为中队长带着大家一起训练过。于是，我选择加入为建立新时代而成立、前途未卜的六三制中学。我想让自己全身心地投入建设新时代的人才培养工作中，无论多么辛苦都在所不惜。其实我很想做的是伊丽莎白·桑德之家的泽田美喜女士所做的工作，只可惜资金不足，且我的性格和体力也都太弱，根本力不从心。更何况我也没有像泽田女士那样的国际化背景。于是只好退而求其次，选择去了初中。可以说我一开始就已经做好了破釜沉舟的准备，并且当时的我也的确很想有一番新作为。

现如今，抱着这种想法投身教育行业是非常普遍的情况。然而在那个刚经历了特大转折的战后日本，"再过三十年，日本就该尝到战败的苦果了"这句话几乎成了大家的口头禅。战败后的日本由于食物短缺，人们不得不过上了偷鸡摸狗的日子，很多人也提醒我说："不用大惊小怪！等过上三十年你就知道什么叫战败国的水深火热了。"

后面的情况果真就如大家所言，日本陷入了极度混乱之中。学生运动开启了日本战后的动荡时代。与你们年龄相仿的年轻人通过学习新知识迅速成长起来。而那些有过青春期却没有青春的前辈们又都上了年纪。如何才能填补横亘在这两代人之间的鸿沟？如何整合由此产生的不同价值观？这些棘手的问题让当时的领导们十分头疼。而这些领导他们又是如何度过自己思维活跃的青春期，充满想法的二十岁的呢？他们最大的苦恼就是不得不在战时和战后度过自己再也无法重来的青春，之后又不得不为了跟上日新月异的时代发展，在有了一定的身份地位后去学习年轻时从未接触过的新内容。他们不能像年轻人那样随意倾吐自己的烦恼。为了不被社会淘汰，他们只能独自承受一切痛苦，并不断地改变自己。想起当时广为流传的一句话："这才是战败带来的真正的苦果，而随之而来的混乱正是日本是否会走向灭亡的一道分水岭。"也许真的就是这样。

无论是上了年纪的人，还是较之年轻的下一代，要在日本这场变迁和苦难中生存下来都是相当不容易的。与之相比，你们这代人可就要幸福得多。让我们来计算一下那些在六岁之前——也就是儿童性格形成的关键期——与大人共同度过了艰苦岁月的孩子们的年龄。正当这群年幼的孩子用稚嫩的双眼好奇地注视着身边的大人，试图将眼前的一切铭刻在自己宛如白纸般纯洁的小小心灵上时，他们迎来了战争的失败。让我们无比痛心的是，在那个连生存都成问题的年代，大人们几乎将全部心思都放在了如何获取食物上，根本无暇顾及其他，而这群孩子却因此错失了他们本该拥有的学习机会。

这样想来，当老师还是很有意义的。如果不能心系下一代，心系未来，教育就无从谈起。如果老师只为当下社会效力，那这份工作就会非常无聊。未来是由孩子们去创造的，而这些孩子的培养则是年轻教师们的责任。各位在今后的几十年里要培养的是新时代的接班人，要让孩子懂得"什么是真正的学习"，让他们青出于蓝胜于蓝。因此，老师会问出"在家读了吗"这样的问题是非常荒谬的。希望大家一定要铭记一点——没有感动的课堂是不会有进步的。

## 一个只知道让学生写作文的评论家

再举一个"不教"的例子。比如说让学生在家里写作文这件事。因为学校的学习时间少，于是老师就会让学生把作文带回家写。这种现象在小学并不多见，但在初中却比比皆是。可是学生在写作文的时候，怎么能少了老师的从旁指导？另外，有些老师虽然会安排课堂写作，却并不做任何指导，只是一直站在讲台上注视着大家，说是为了不妨碍学生的个性发展。能在一旁守着还算好的，有些老师干脆以工作太忙为由，趁机处理别的工作，或者为下一节课做准备。甚至还有老师会对学生说："老师在处理工作的时候，请大家安静地写作文。"这不就是典型的"不教"吗？如果孩子自己能写出好文章，那干吗还来上学？难道只要老师在教室里说一句"来，写吧"，孩子们就能马上写出文章来？怎么可能！即使老师事先做了指导，也不是说写就能写出来的。就算孩子能写出点东西来，你是不是也应该确认一下他握笔的姿势是否正确？

升入初中的孩子中，会正确拿笔的人不到三分之一。每次碰到不会拿笔的孩子，我就会在心里忍不住嘀咕："小学老师为什么不帮忙纠正一下？这个习惯上了中学可就改不了了。"是的，握笔姿势到了中学是很难改过来的，除非为此"掉层皮"。并且，如果等孩子长到一定年纪才去提醒握笔姿势，这会伤害到他的自尊心。孩子会感到非常地不舒服。如果是刚入学的小学生，他们一定非常愿意让老师手把手地教自己。可如果是初中生，特别是初中男生，情况可就大不一样了，他们很讨厌别人用手触碰自己。当然女生也是一样。孩子们到了这个年龄是不喜欢和别人有身体接触的。可是握笔姿势又必须手把手教。所以我很不能理解的是，在学生最想让老师手把手教的时候，老师们为什么不去做呢？

即便如此，有些老师却在给学生布置完作文后，自己就在讲台上做起其他工作来，这实在是太离谱了。大家常说在学生中转来转去会抹杀掉他们的个性，果真是这样吗？可有什么证据？个性难道是这么容易被抹杀的？难道真的有作家会因为小学老师教他握笔姿势而思维僵化、失去个性？我曾听诗人们说"没有哪位诗人是因为小学老师喜欢诗而成为诗人的，也没有人是受其母亲的影响"。像这样的天赋，如果"天生就有"，就不会因为老师三五年的影响而消失不见。如果"天生没有"，也就不会再有了。大多数人都不是天才，都希望得到老师的谆谆教导。只是孩子不懂得把这些说出来罢了。

难道就真的不用去帮一下那些正在为"别人会写，自己却写不出来"而发愁的孩子吗？要不要给他们写一个简单的开头试试？你可以先写一个引子，然后让他们顺着往下写，这样会好写很多。不难想象，教室里无从下笔的孩子一定很多。你不妨走到他们身边，给他们写个问题，以便引导他们发散思维，比如"那棵树是什么树呀？"或者"你在那里看到了什么？"等。于是他们会去回忆自己的所见所闻，并将它们写下来，这样一来，文章不就越写越长了嘛！这才是"教学生写作"。

学生只有在具备了这些基本写作能力之后，才能写出独具个性的好文章。如果还在小学或中学阶段就在担心"会抹杀个性"，那也太奇怪了。要知道比起这个，还有很多不知如何下笔的孩子在翘首期盼着老师的帮助，虽然他们自己并没有意识到。

学生深知"文章要自己写"，所以在写不出来的时候，非但不会责怪老师，还会将所有的错归咎到自己身上。真是太可怜了。学生不会因写不出作文而怨恨老师，但如果连老师自己也意识不到这是自己失职，那就麻烦了。我认为老师应该以学生写不出作文为耻。老师让学生写作文，学生却写不出来，这对老师来说难道不是一种耻辱吗？会出现这样的情况，不是教得太差，就是没有做事前指导。就算做了事前指导，只要学生写不出来，同样还是老师的失败，因为是老师没有在课堂上及时采取措施。孩子凡事都得"先学再会"，如果没人教，他们当然不会写。而现实却是，老师只会默默地看着孩子们写，然后再把大家的作文收上来，做一番评论比较："这个不怎么样，那个写得好"，俨然一副检查官的模样。这样的人不是传道授业解惑的老师，而是一个十足的评论家，这样的老师太可怕了。但是，我们并不是评论家！在做评论家之前，我们首先得做一个好老师。我们必须要指导学生写作。学生作文写不好，这是我们老师的责任。老师存在的意义是教学生写好作文，我从来不会对学生在课堂上写的作文发表任何意见，因为那些是学生在我的指导下写下的内容，接下来要怎么做，只有我自己心里最清楚。用好坏来评价学生的作文，这不是一个老师该做的事。

也许有人会说，在老师的帮助下写出来的作文不能算那个孩子的作品。是的，它的确不是那个孩子的作品。可我也并没有打算拿它去投稿啊！这只是一种教学生写作的方法而已。作文教学并不是让学生写篇文章，然后再对它评论一番就算大功告成。当然这也是一种教学方法，只是它更适合年龄稍大一些的孩子，并且也不过只是众多方法中的一种而已。作文的教学方法可远不止这些。

一般来说，在老师示意可以写后，只要孩子的铅笔没有马上动起来，就意味着教学失败。老师必须立即在课堂上为此采取应对措施，而不是站在一旁看热闹。前面说的"要把学校当成学习的场所，而不是检查作业的地方"，指的就是这个。因为学校是一个"教学生写作"的地方，所以我想说的是，如果是个人写作，那可以另当别论，但学校不同，这里是有专业教师在的。教师是一份对专业素养有很高要求的工作。它是一个职业，是一个让一无所知的孩子能写出作文的职业。所以我们必须做一个能独当一面的老师。尽管老师就在旁边，但有的孩子却写不出文章，或者有的孩子一个小时内连一个字都写不出来。试问这样的老师还有什么脸面可言？他们的职业操守又在哪里呢？

# 对学生的学习和行为负责

## "我已经尽力了，但他就是不长进"

假设你在一家公司上班，然后你收到了一个工作任务却胜任不了。在这种情况下，如果你说"我做了，但是没能完成任务"，对方应该不会搭理你吧。如果科长给你布置了工作，难道你敢对科长说"我尽力了，但还是做不到"？这样的话只要说过一次，对方就会对你的能力产生怀疑。"我尽力了，但是"是一句非常不成熟的话。对于一个成年人来说，努力工作是应该的，偷懒是绝对不能容忍的。现在不过是工作开展得不顺利而已，这和努不努力有什么关系？怎么能拿努力做挡箭牌呢？假设因为你的失误让公司蒙受了损失，这时你说："科长，对不起，但是我已经尽力了。"我想科长一定会呵斥你闭嘴。

不过，我觉得也只有老师才会经常这么说。在我看来，像"我已经尽力了，可就是你家孩子没辙"这样的话根本不是一个老师该说的。如果只是单纯的服务行业，或许说说也没事儿。但是在教师这个行业里，这种话是绝对不可以说的。如果你想自豪地说自己是一个可以独当一面的职业人，是一个专业人士，那我希望你能以专业的态度对待这份工作。同时还要主动承担起责任，而不是怪对方不爱学习。比方说，就算自己的失败是由对方公司导致的，你也不能说："我已经尽力了，事情之所以会搞成这样，都怪某某公司的某某。"找这样的借口除了丢自己的脸，没人会同情你。大家心里想的是"我不知道你有多努力，也不清楚对方有多糟糕，但是你必须为糟糕的结果负责"。这种事情的责任，必须由自己承担。也只有老师才会对学生说："你还不够努力"，或者是把孩子母亲叫来学校说"孩子学得不够。你得让他在家里认真学才行！否则就跟不上"这样的话。而令人不可思议的是，孩子母亲竟然也从不反驳。但是她心里肯定是这么想的："我可是把孩子托付给老师您了呀。我是孩子的母亲，是负责他生活起居的人……把孩子托付给老师，就是想让老师帮我管管他。"——是的，孩子之前是那么高兴地盼望着开学，天天在家掰着手指头等。结果才进学校没几天，就会被贴上学困生的标签，连父母也被叫过来训话。看着这些，我都替这些老师感到害臊。于是我会想："嗯，不给老师涨工资也是合理的。"因为他们根本没有尽到自己的责任。当然，公司的工作和教书育人多少有些不同。不过这种"不同"应该是大众对二者的认知，如果连老师自己都在说"在家学得不够"这种话，那就要引以为戒了。毕竟指导学生可是自己的本职工作。

当孩子在学校受了伤，老师会说："我已经再三提醒大家要注意安全了。"我倒要问问，你有没有因为忘记关教室的窗户而被保安批评过？是不是一听到保安说"A老师教室的窗户今天又是开着的"，你便会辩解："我让大家关窗户了""我已经提醒大家，最后离开教室的人一定要关好窗户""我说了如果在进行社团活动时打开过窗户，请一定要记得关好再回家"。难道你真的认为只要说了就不必为这件事负责？既然开着的是自己教室的窗户，学生也没有按自己的要求去做，那就只有两种可能性，要么是你说话的方式有问题，要么就是规矩没有落实到位，但无论是其中的哪一种，责任都应该由你来承担。你当然应该对学生提出要求，但却不能和保安这样子辩解。这时你可以做的就是一个劲地道歉就可以了。

## "您孩子学习不努力啊"

教师这个行业相对而言还是比较轻松的。不，不是相对，应该说是轻松到令人害怕。首先，课堂上只有一个老师。一有什么不好的事情，学生就会认为是自己的错。日本好像是有这样的传统。只要老师说"您孩子学习不太努力啊"，家长就会非常惶恐，回家后立即督促孩子学习。哪怕只是某一个知识点没学好，也会认为"是因为自己学习不努力"，却从来没有学生会质疑老师讲得怎么样。即使有也不会说出口。因为孩子们深知这是绝对不能说的。教师这个行业与其他行业就是如此的不同，因为它的对方早已养成了逆来顺受的习惯，可见教师这个工作是多么恐怖。因为对方是孩子，所以即使是老师不好也没人知道。

尤其是小学，只要是温柔亲切的老师，基本都特别受孩子们欢迎。可是话又说回来，"温柔、亲切"和"拼命、努力"一样，都是老师理应具备的。要是没有可就糟糕了。"温柔、亲切"是老师的本分，算不上优点。我这样说没错吧？"热情"也是如此。它们和上班打卡一样理所当然。作为老师，既不必为此自豪，也无须将其视为优点。

老师是教育方面的专家，要做的就是因材施教，根据学生的实际情况去培养每个人的生存能力。各位都是小学老师，压力还能小一些。但是作为一名中学老师，每当毕业季来临，我都会扪心自问："他真的能作为一个合格的日本人在社会上生存下去吗？"可每一次我又都是怀着无比悲痛的心情送走大家的。我担心大家无法在这个剧烈动荡的社会中独当一面。

年轻时的我曾在自己的毕业典礼上，因不忍分离而流下了伤心的眼泪。而今天，我却是在为孩子们的生不逢时而哭泣。我无法想象这些孩子今后要面临怎样的苦难，而面对这样的局势，他们的力量实在是太薄弱了。

学生基本都会上高中，那又是另外一个截然不同的世界——高中不属于义务教育，高中生的年龄也不尽相同。所以，初中没有掌握的内容，也不适合拿到高中来教。就好像无法在小学阶段教幼年时期没有学会的东西一样。同理，小学时没有掌握的内容到了初中也是教不会的。人的身体在不断成长，并且成长的过程也是不可逆转的。因此，无论是从生理学的角度来看，还是从脑细胞发育的角度来看，大脑的黄金发育期在初中二年级到三年级的这段时间就已经结束了。剩下的就只能靠训练。大脑生理学家时实利彦博士也曾说过："人在中学时没养成的习惯，以后永远都不可能再养成。"所以，每当我一边看着大家逐个上台领毕业证，一边想着是否已经让大家具备了在这个社会生存下去的好习惯时，我总是充满了不安、愧疚、同情，以及对无法预期的未来的志忑，内心五味杂陈。

小学老师总是认为等孩子上了中学一切就会好起来，但事实并非如此。小学阶段必须要做的事情有很多。如果不让学生把该学的内容都学了、该养成的习惯都养成了，那么无论老师工作多么热情，语气多么温柔，也不过只是一个普通人而已，与热衷于教育的妈妈别无二致。这样的老师并没有尽到作为专业人士应尽的责任，是一个不称职的老师。

# 保持谦卑与清醒

## 受人尊敬的老师

刚才我以作文为例说了很多，这些都是老师必须教给学生的。另外，为了让所有学生都能满意，老师不仅要对自己严格要求，还要有很强的自我反省能力，否则就无法胜任这个工作。

如今，教师这个职业（在日本）已经不再那么受人尊敬了，而我却是在它最受尊敬的年代当上老师的。那时候憧憬当老师的孩子有很多，我就是其中一个。从某种意义上说，老师是理应受到尊敬的。他们不去麻烦别人，总是默默坚守在教室里，照顾着一群比自己弱小的孩子。无论孩子们多么高兴，他们总会保持清醒，严于律己，时刻省察自己工作中的不足，这就是老师。也只有能够时刻警醒自己，在传授知识和技能的同时，又把所有的责任全部揽在自己身上的人才能被称为老师。这样的人很少，也正因为如此，才更应该受到尊敬。通常来说，学生是接受监督和批评的一方。可老师的工作不应该是这样的。在面对"打不还手，骂不还口"的学生时，老师应该坚定地负起责任来，只有这样的老师才值得大家尊敬。"老师"是一个尊称，我们必须让自己配得上这个称呼。课堂就是这么一个严肃的世界，而教师也是一个非常严肃的职业，是需要老师严于律己的职业。

如果没有这样的觉悟，就会乐观地以为只要自己有足够的耐心，喜欢孩子，并且对工作充满热情就能胜任这份工作。

## 青出于蓝而胜于蓝的喜悦

所谓的好老师一般都是指对学困生有足够耐心的老师。这一点固然很重要、很了不起，但我认为老师在学困生问题上必须把握好分寸。不要只对学困生好，把所有精力都放在帮助学困生这件事上，却忽略了对其他孩子思维能力的培养，以至于这些国家的明日栋梁会因为学不到东西而觉得课堂无聊透顶。老师却也不会因此被追究责任。可是这样真的没问题吗？老师们一定连问题出在哪里都不知道吧？中小学阶段正是孩子大脑发育的黄金期，如果不在这个阶段充分开发孩子的潜能，那么错过就再也无法挽救了。借时实老师的话来说："除了是因遗传性疾病引起脑受损的孩子，人类一辈子最多只用到了三分之一的大脑。"大脑开发的黄金期是初中毕业前。而我最担心的是老师是否自己尽了最大的努力，让那些优秀学生的大脑潜能得到充分的开发。

对此，老师们一般都会有一套很体面的说辞："以中间水平的学生为对象进行授课就可以了。"是不是觉得很耳熟？我认为这是一种非常可怕的想法。"中间水平的学生"指的是谁？如果是指考试成绩接近平均分的人，那就非常危险。所谓的"讲给中间水平的人听就可以了"，具体指的是什么呢？是说什么内容的时候？又是用什么样的方式说呢？

在我看来，这些理论都是空谈，是没有教过书的人的空谈。或者说，是没有注视过每个孩子的眼睛、和每个孩子交谈过的人的空谈。我认为老师应该关注的是每一个孩子，不要去考虑其他事情，也不应该把孩子看作一个群体。即使是大班上课，也要去关注每一个人。在教学中，我们会进行"小组指导"。但"分组"并不是为了集中教学，而是为了更好地发掘个人潜能。大家被分成了一个个小组后，的确会有一种参加集体活动的感觉，但"教育"终究是个人的事。为了充分发掘个人潜能，我们可以采用包括单人活动、集体活动，以及小组活动等很多方式，而这些活动的核心目的只有一个，那就是发掘个人的潜能。

大家才刚参加工作不久，应该还不会想这些事情吧？通过对身边中学生的观察，我发现有些孩子有着非常优秀、非常令人着迷的能力。和孩子们在一起的时候，我时常思考一个问题："如果我们是同龄人，他会愿意和我做朋友吗？"我想应该不会。他那么优秀，总是会有很多非常棒的想法，我根本不配做他的朋友，而他也不会和我做朋友，我心里对他充满了敬意。老师一定要尊重孩子。老师和学生这层关系的形成，不过是因为孩子的年龄小，先出生的我恰巧当了他们的"老师"而已，这并不代表孩子比我差。他们不是差，仅仅是年龄小而已。也正因为如此，我才会说一定要发自内心地去呵护孩子。

年龄小的孩子也是如此。他们有他们的才能和优点，是我们无法比拟的。话说，如果我们教的孩子都不如自己，都止步于我们这个水平，那可就糟糕了！

因此，学生基本上都要比老师优秀得多，这一点是毫无疑问的。我们应该心怀敬意，或者说是尊重，好好地去守护这些祖国的花朵们。如果因为他们年纪小、孩子气十足而掉以轻心，那么精神上的松懈就会从你的言语和态度上反映出来，这是很可怕的事情。孩子们总是用他们纯洁的双眼注视着老师，尊敬着老师，那是因为他们"尊老"。其实比我们优秀的孩子有很多，他们只是因为年纪小，才会成为我们的学生。所以我们每天也都应该对孩子心存敬意。虽然我们经常将"要以孩子为重"这句话挂在嘴边，但温柔的态度并不代表尊重，我们在课堂上要相信孩子，尊重孩子，要善于发现"孩子的过人之处"，因材施教。

如果心里缺乏敬意，就会变成嘴上说着珍惜，行动却趋于溺爱。"溺爱"和"敬意"是两个截然不同的概念，但中学老师却很容易将它们混为一谈。终有一天，孩子们的个头会超过我们，会和我们有不同的想法，彼时我们将不再是他们的对手。我的学生有时甚至还会强烈攻击我的"教学方法"。他们有时候会问："为什么一定要先教这个？"这或许与我对他们的教育方式有关，我在安排教学活动时，他们只要有不能理解的地方，就会马上过来问我活动的目的。于是我就和他们摆事实讲道理，比如，"你可以先做这个，如果先做那个的话，会……，如果先做这个的话，会……，我是出于这样的目的所以先选了这个。"像这样做出解释后，他们便会心服口服。这样的教学方式同样也适合小学五六年级的孩子。所谓的"批判力"就是这样形成的。孩子也是这样不断长大并超越老师的。这是一件令人欣慰的事。它和叛逆是有区别的。它不是叛逆，但之所以容易和"叛逆"搞混，是因为它们都是孩子热情洋溢的真实内心写照。孩子叛逆是因为他们年纪小，不懂得如何表达自己。对我来说，受到孩子们的反抗其实是一件值得开心、很有意思的事。因为这就表示他们的水平已经超过我了。各位，难道你们真的没有担心过，如果孩子们都和我们一个水平，那可如何是好？真要那样的话，日本可就没有希望了。我认为"超越我们""正确的批判和反驳"都是非常好的事。

我们常会听到"最让我高兴的就是毕了业的学生还叫我老师""没有比当老师更有意思的职业了"这样的话。

我带的毕业生从没说过"我永远不会忘记老师"这样的话，而我也希望他们都能把我忘掉。我就像一个河口摆渡人，只希望学生们到岸后能马不停蹄地赶他们的路。要是有孩子恋恋不舍地哭着叫"老师、老师"，反而会让我不知所措。"希望你能在自己的路上勇往直前。而我也将重新回到对岸，去搭载其他客人过河。"所以，只要毕业生不来找我，我就不会联系他们。"希望你在新的环境里，结识新的朋友，跟随新的老师，不断开拓自己的路"，这就是我送别孩子们时的心情。

在我看来，现在的老师将教书育人这件事想得太"乐观"了。看着那些沉浸在幸福当中，经常把"做老师很有意思"挂在嘴边的老师，我不由得会去想他们所说的"有意思"究竟指的是什么。难道教师这个职业真的那么有意思吗？他们是不是在说反话？因为在我看来，教师是一个非常辛苦、非常严肃的职业，是不应该用"快乐""好笑""有趣"这些词来形容的。可是现在，与其他职业相比，学校这个社会似乎更容易相互原谅，彼此纵容，借口连篇。还有因为老师对自己的不负责任，导致大家渐渐失去对教师这个职业的敬畏心，以至于老师的地位越来越低，工资也越来越少。虽然这都是一些玩笑话，但我有时真的会这么想。有时我真的觉得，教师行业的确比其他行业要通融得多。这样是不行的。

## 老师的禁忌语"请安静！"

当孩子不认真听讲时，老师总会说这样一句话："请大家认真听讲！"在我看来这句话同样是专业老师的禁忌语，理由则是接下来我要和大家分享的一则经验之谈。而在这件事发生之前，我也一直都在说"请安静""请听我说"。

我于昭和二十二年（1947年）参与了中学的创办，是饱尝建校之苦的第一批人之一。我是为了逃离战争阴影而去的中学，所以当时想的是，只要能让我离开，无论多苦我都能承受，于是也就没有想过要选择学校。最主要的是，我不是东京女子高等师范学校的毕业生，我的母校是东京女子大学，一所"最不谙世事"的学校。我对什么地区有哪些名校，去哪所学校仕途会更平坦这些一概不知。另外，女子大学的同学里也没有当老师的人。所以我没有任何老师方面的人脉，并且我也没有任何社会经验，而那时的女性基本上都是这个样子。

最后，我去了第一个向我抛来橄榄枝的校长那里。那是一所位于江东地区的中学。

众所周知，那里曾是一片战后废墟，我都是早上在秋叶原车站和教务主任会合后，再和他一起去学校的。即使是在大清早，一个女人也不敢独自穿过那里。在那片烧焦的田野上，到处都是废弃的防空洞。有些防空洞里还住着人，常常一不留神，脚下就会钻出个人来，而你根本就无法预测人会从哪里冒出来。穿过那片田野，你会看到一所已经被烧毁的、用钢筋水泥建成的工业学校。我们就是借用了一部分校舍，在这里创办的深川第一中学。

当时，下雨天打着伞上课的场景，孩子们坐在没被烧毁的大算盘上学习的场景都曾被报纸报道过。而那些照片则都是在我的课上拍的。没有地板，没有玻璃拉门，没有课本，没有笔记本，没有纸，没有铅笔，这怎么能上课？而我去的就是这样一个一无所有的地方。学校一年级一共有4个班，每班50个人，领导给的指示是"没有教室，你们就两个班一百人一起上课吧"。而那一百个孩子可是从三月份到学校开学，一直在外面野了一个多月的孩子。他们聚在一起跟炸开了锅似的，吵吵嚷嚷，完全不听管束。我从来没有那样无助过。很长一段时间都只能呆立在教室的一角。无论我怎么扯着嗓子喊"请安静！"都无济于事。我只能一边和身边的孩子说话，一边在喧闹的教室里慢慢移动，顺便教大家一些内容，这样才逐渐有了点上课的样子。之所以那么做，是因为在当时那种情况下，根本没办法同时上课。

于是，极度挫败的我去拜访了大家都认识的国语大师西尾实老师，向他倾诉了实情。然而西尾老师听完却大笑道："这不挺好的嘛，一个有二十多年经验的老教师居然在教室里骑虎难下……""考验你的时候到了，只要不病不死就没什么大不了的……"看来老师并没有要帮我一把的意思。原本以为只要把没法上课的现状说给老师听，老师就会再把我调回高中。我的确是这么希望的，可老师似乎并没有这个意思。心灰意冷的我甚至都不记得那天是怎么和老师告辞的。大概是什么也没说，只是鞠了个躬就走掉了。之后我重新整理了思绪——既然连自己仰仗的老师都这么说，看来我是走不了了，更何况我原本就是抱着破釜沉舟的决心来到新制中学的。

回到家后，我从疏散时带的随身行李中取出报纸、杂志等各种物品，用它们制作了很多可以当教材用的东西。大约有一百套，并在每一套上附上不同的问题，这样一来，就相当于做出了一百种教材。第二天我带着这些教材去了教室，然后给每个孩子各发一套，并告诉他们："这个要这样弄，这个你这样做试试。"

接下来会有怎样的变化呢？让我始料未及的是，孩子们自从拿到教材后就开始废寝忘食地学了起来。他们那种对进步、对知识如饥似渴的态度深深地打动了我。

事实证明，小孩子只要有适合自己的教材，只要掌握了教材的用法，他们自然会主动学习。如果没有，他们就会像脱缰的野马一样，不服管教。看着大家千姿百态的学习姿势——或一动不动地蹲在地板上，或斜靠在窗户边，或紧贴在墙壁上写字，我忍不住跑去隔壁房间痛哭了一场。同时，这也让我明白了一点：如果不能尊重对方，尊重对方求知若渴的心情，调动起对方学习积极性，那就是老师的无能。

打那以后，孩子们在任何情况下吵闹，我都不会责怪他们，而是会从老师身上找原因，因为这是老师的问题，比如说计划做得不好等。这件事也让我更清楚地认识到，孩子就是一群总是在追求美好的人，这才是"少年"该有的样子。

当看到孩子们没有按照要求行动时，我最先会想到的是："我的计划是不是做得不好？""是不是存在什么问题？"我已经养成了从自己身上找问题的习惯。

即便是现在，孩子们不听话也是常有的事。因为中学生正处在最叛逆的时期，所以我也会有对大家说"请安静"的时候。虽然说的是同一句话，但我和别人又是不一样的。因为我是在心里默默流着泪，以无比惭愧的心情说出这句话的。我是在办法用尽、无计可施的情况下，以失败者的姿态痛心疾首地说出这几个字的。我不会居高临下地命令大家，也无法居高临下地命令大家。虽然这句话大家经常说，但我却是在深深地自责，以及打心底里为自己的无能感到羞耻的情况下，迫不得已才说的。毕竟有时候是必须说"请安静"才管用的。在想不到别的词的时候也就只能用它了。我不会特意准备一套让孩子们安静的方案，我也没有能力去准备这种方案。实在是走投无路了才会明知不可为而为之。但是我在说这句话的时候，不会摆出一副居高临下的样子，更不可能摆出一副"是孩子们不听话所以我才说"的样子。当我讲的是经过充分推敲的好内容时，孩子们会听得非常认真。当讲的内容连自己都觉得没有新意、条理不清时，孩子们就会毫不留情地用行动表现出来，比如，或者弄出一些声响，或者不听老师说话，或者在下面叽叽喳喳等。

## 重新下定决心

进入教师队伍后，请务必端正工作态度，严于律己，信任学生。作为社会的一分子，要勇于承担起自己的责任。今后你们会参加很多的培训，在研究"教什么，怎么教"时，大家不必为"要读哪些书""要学多久"担心。富山县这边的教学研究开展得如火如荼，在大家加入进来后，前辈老师们会悉心指导你们的。只不过，无论你学了多少方法，读了多少本书，如果没有正确的工作态度，一切都毫无意义。

教室是用来学习的，绝对不能把它当成验收成果的场所。如果自己心里没有"我是老师，不是检查官"的自觉，即使通过刻苦钻研，写出了好教案，也无法培养出真正的人才。另外，人在年轻的时候，或许会因为喜欢小朋友而觉得学生可爱，并且会从中获得满满的"幸福感"。

可是，当工作进入一定阶段，人们便会开始反思自己的工作。也许有一天你会感到特别空虚，开始对教师这个工作产生怀疑。因此，请一定要为迎接最严峻的挑战做好充分的心理准备，并且一定要温柔且坚定地走下去。

今天我真的是说了好多话。虽然对你们这些年轻人说了很多，但这些还只是我从教多年以来的一部分思考。

非常感谢你们的聆听。①

---

① 出自大村滨老师在新聘小学教师培训上的演讲讲稿。（富山县，1970年8月）

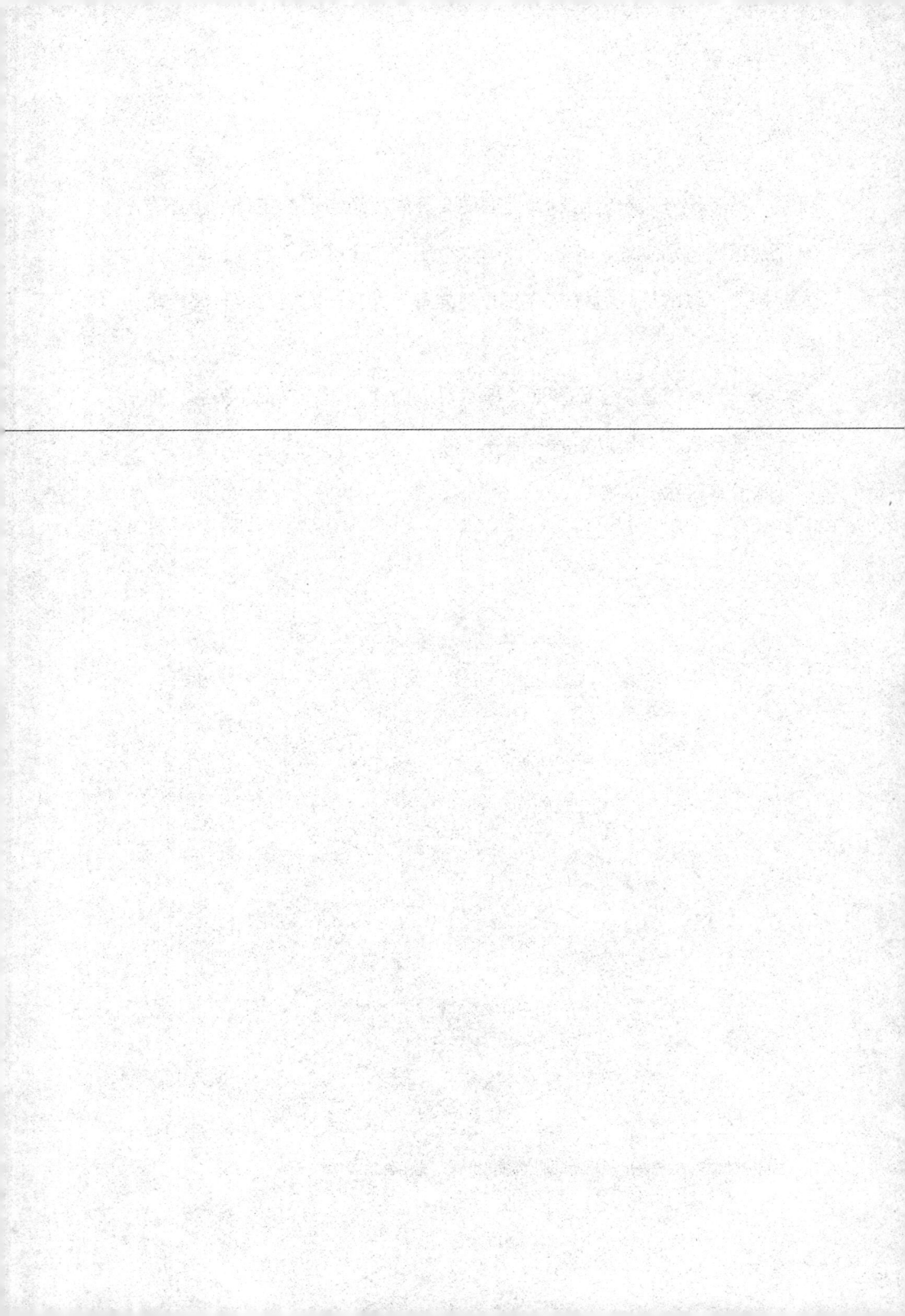

# 如何成为一名
# 专业教师

# 培育学生，为学生真正负责

## 憧憬当老师

我的正前方是一片美不胜收的山景。非常高兴今天能在这么美的会场和大家见面。我当上老师后第一个赴任的地方是长野县的诹访，那里也有这样的房间。一到现在这个季节，映入眼帘的尽是秀美的群山。

昭和三年（1928年），我在长野县的诹访女子高中开启了自己的教师生涯。一晃已经过去了好多年。而今天，我带着访友的心情来到热情的山形县，并将在这熟悉的场景中，与各位分享一些我的经验之谈。希望能对你们有所帮助。

大家为什么会选择当老师？我想理由一定是多种多样的。

拿我自己来说，我是从小就立志要当老师的。现在的孩子应该是不会这么说了，因为这听起来会很刺耳，就好像是在吹嘘自己天生就是当老师的料一样。但是在我小的时候，想当老师的孩子有很多，对于那个年代的孩子来说，这是一个非常普通的愿望。当时还是小学生的我，曾满怀憧憬地和朋友们谈过这件事。我们一直都有一个小小的梦想，想要做一个像自己班主任那样的老师。大家都想着，如果能当上老师，就可以安排考试、批评学生，那一定非常有意思。我们就是因为这个才想当老师的。

后来我进了女校，遇到了一位非常优秀的语文老师。那真的是非常不可思议的缘分。因为我原本要去的是一所没有升高中和职校资格的私立教会女校。于是，为了能继续上学，我转校去了另一所文部省认定的教会学校。可以说，当时在那所学校任教的语文老师川岛治子女士就是决定了我人生的那个人。

川岛老师既是垣内松三老师（时任东京高等师范学校教授）的学生，也是芦田惠之助老师的学生，虽然她早已离世多年，但我依然清楚地记得她无数次提到"能师从那么优秀的老师，真是三生有幸"的场景。她真的是一位在大正时代用实际行动在践行着垣内老师的理论、芦田老师的实践的老师。她不过是一位从东京女子高等师范毕业、默默无闻的女老师而已。就连她自己都说，因为自己身体不好，所以性格也比较懦弱。而我就是在这位老师的语文教育下长大的。

现在回想起来，才发现老师做的竟然是那么有前瞻性的事。总之，老师这一生都是在不断地创新。当时正值大正时代，想必大家都能大致想象出当时语文教学的模式吧？总之，那时最主流的教学模式是——老师安排学生读课文，读错字了就帮他纠正，有不认识的词就告诉他，但是川岛老师从来不这样做，甚至也从来不会用对错去评断学生的答案或发言。无论学生说什么，老师都会很认真地听。

在当上老师后，我曾听过这样一句话："无论是谁，在第一次走上讲台时，都会或多或少地模仿自己的老师。"我真的就是这样。来长野县诹访高中任教后，我早已在不知不觉中，用与川岛老师相似的教学方式开启了我的教师生涯。

总之，我是满心欢喜地来诹访女高当老师的。而我这种高兴的心情，应该就是和现在的老师很不一样的地方吧。

我永远无法忘记那个八月。那天街上有庙会，消息传来的时候，我和妹妹正好在逛庙会。原本我是打算那年三月从学校毕业后就去当老师的，但因为赶上了就业寒冬，根本找不到工作。别说东京了，就连神奈川县、埼玉县、千叶县等东京周边地区也都是人满为患。而像我这种从东京女子大学，而不是女子高等师范学校毕业的人就业就更加困难。最终我没能顺利找到工作。于是我就待在家里备考"文检"，也就是中等教师资格考试，还有就业机会似乎会多一些的小学专科（英语）教师考试。当时，因为东京女子大学的建校时间太短，不属于教师资格免试认定校，所以想当老师的学生只能通过考试来获取教师资格。备考期间，我常常会在学习的间隙出门散心，途中偶尔会遇到放学回家的小学生。我真的好想成为这些小孩子的老师，他们朝气蓬勃的身影常常会引得我驻足凝望。

正是在这个时候，我收到了从长野县发来的"你来诹访女高吗"的电报。我当时真的是太开心了，在庙会拥挤的人群中，忍不住冲着给我送电报来的母亲激动地大喊："去！去！"当时的那个场景我现在仍然记忆犹新。学校八月二十号开学，我是在开学前一天，也就是十九号去的长野县。我那天是带着梦想成真的欣喜，冒雨前往诹访女高的，那里是我漫长的教师生涯的开始。

## 姑且不论动机

我不知道现在的人是否还会像我们过去那样热衷于当老师。不过，我听过这样一个词——"不得已老师"，指的是抱着试试看的态度来当老师的人。而我从这个词里能感受到的唯有对教师这个职业的轻蔑，以及说话人内心的冷漠。因为只有对教育行业不甚了解的人才会说出这样的话。当然，我也不清楚那些一开始说试试看的人究竟有没有一直干下去的打算。有些人也是在当上老师后才认识到教师原来是一项建设未来的工作。这与你一开始到底是抱着"试试看的态度"，还是抱着"天生就是当老师的料的态度"是没有关系的。就动机而言，像我这种上了年纪的人，很多都是因为怀着对这个职业的憧憬而成为老师的，但现在很多人却并非如此，其中也不乏迫于形势，误打误撞进来的。现在的中小学生几乎没有人想当老师。我所在的学校更是一个都没有。可以说，现在的情况和从前已经大不一样了。

我今天之所以会说这些，是因为在我看来，不管最初的动机是什么，是"不得已"也好，"试试看"也好，"非它不可"也好，只要你来参加了像今天这样的培训，只要你正从事着教育工作，那就必须为建设未来尽心尽力。

我不想在这里和大家讨论成为教师的动机。并且，我认为在看待教育这个问题时，如果不能抛开年龄等条条框框，一切就无从谈起，即便谈了也不会有什么结果。因此，即使不是像我那种"天生就有想当老师"的动机也无妨，无论你最初的动机是什么，我希望你都能认真对待自己的工作，为未来社会的建设尽自己的一份力。希望在座的各位能带着这样的心情来听我接下来的演讲。

总之，站在这里的我并没有什么过人之处，不过是实现了自己小时候的愿望而已。我只是一名普通的老师，只是在尽着老师该尽的本分。希望大家能把我当做你们中的一员，和我一起来思考接下来的内容。让我们抛开年龄和动机，将关注点聚焦在教育这件事上。

## 光"喜欢孩子"是不行的

当老师最常见的动机是"喜欢孩子"。有些人是因为喜欢孩子而想当老师，有些人是在当了老师后发现孩子们很可爱，还有些人一开始并不想当老师，在与孩子接触过后，才发现他们实在是太可爱，就像很久以前一直想要结交的朋友。不管是一开始就喜欢，还是后来才慢慢喜欢上，总之，教师队伍中很多老师都很喜欢孩子，甚至可以说是几乎所有人都喜欢。

如此说来，和溺爱孩子的父母一样，老师也会"溺爱学生"。在我看来，老师的优点和软肋也都在于此。

之所以说"喜欢孩子"既是老师的优点又是软肋，其原因大家都清楚，无须我再多谈。但值得注意的一点是，对老师来说，这里存在一个非常危险的认知盲点。那就是，"适合与孩子相处，喜欢孩子"是带有负面效应的。如果没有察觉到这些负面效应，恐怕只会越错越深。谁都不会想到，喜欢孩子竟然可能会影响到自己的工作。反之则很好理解，因为大家对"喜欢孩子是当老师最好的敲门砖"这句话是确信无疑的。包括我在内的每个人心中都有这样一种自信——就算自己的做法存在很多不足，但是不管怎么说，那些都是因为喜欢孩子才去做的。而这种自信也正是值得我们反思的地方。

教师是一个会令人莫名产生幸福感的职业，因为将知识传授给心爱的孩子们的这个过程，会让人仿佛进入了一个无比幸福的世界。中学尚且如此，更别说教小学低年级的老师了。当孩子们围在你的身边，一声声地叫着"老师，老师"的时候，你会感到尤为幸福。此时，你的心里满是令人陶醉的幸福感、职业荣誉感，或者可以说你感觉自己找到了人生的意义。当孩子们一边亲切地叫着"老师"，一边用纯真的眸子充满期待地看着你时，你会觉得他们实在太可爱了。诚然，这种感觉的确很不错，可世上哪里会有如此纯粹的幸福？只要稍微理智一点的人就会知道，幸福不可能是一种常态。当你长时间地沉浸在快乐当中时，就必须警惕自己有没有忽略掉什么。我们原本就该意识到"那种幸福"，或者说"那种每天都充满幸福感的生活"是不真实的，不过是孩子们的纯真可爱蒙蔽了我们的双眼罢了。

此外，我们应该思考的一个问题是——我们的工作内容究竟是什么？是成为孩子们喜欢的老师，和他们一起幸福地生活？还是应该做点别的？答案当然是后者。我们的工作不仅是疼爱孩子，和他们一起幸福地生活，更重要的是要培养具备独立生存能力的孩子。无论工作带给了你多少幸福感，如果把这种幸福视为工作的全部，那么你就不是在当他们的老师，而是在扮演孩子母亲的角色。我们不能一味地沉浸在幸福当中，应该从中跳脱出来，带着重新审视本职工作的心情，用温柔但严厉的目光去看待孩子。而孩子也不可能一直都是孩子，一直围在我们身边，等待着我们的帮助。总有一天他们要去面对这残酷的社会，要独自在社会上生存下去。为了几十年后的将来，有一些事情、有一些能力是必须在孩提时代的今天去做、去培养的。五岁有五岁的工作，六岁有六岁的任务，如果不在相应的年龄段将该做的事情做完，以后就再也没有机会弥补了。即使身边围绕着可爱的孩子，也要冷静观察，未雨绸缪，为明天的到来做好准备。

如果不能审视自己的工作，只一味地满足于自己的幸福和孩子们的可爱，那么教师这个工作就是虚有其名。这样的人无论多好，充其量也只能算个"好人"，根本算不上是老师。就算他的身份是老师，也只是一名不合格的老师。

我虽然没有教过小学生，但初中生的情况和小学生是差不多的。刚当上老师那会儿，我也觉得特别幸福，可随着时间的推移，我逐渐意识到我必须冷静地用亲切又严厉的态度去对待孩子。纯真善良的孩子们总喜欢围在老师身边。对他们来说，只要不是爱刁难人的老师，他们都会非常喜欢。这一点是毋庸置疑的。但是作为老师，我们必须做好"老师不必是'好人'"的心理准备，否则就很容易失去原则。如果没有做好这种心理准备，也就不会去认真对待我接下来要讲到的工作中的各种培训。

# 展示专业性

## "好人"是理所当然

有些老师常常以自己是"好人"为荣，对此我特别不能理解。老师当然不能是坏人，但所谓的"好人"其实不过是"人"的意思罢了。每个人都不应该去做坏人，这和是不是老师无关。好人不一定就是好老师，只有那些正在培养或是想要培养对未来有用的人的老师才是。做一个"好人"是理所当然的事情，没必要特意拿出来说。

尽管如此，在众多行业中，"教师"这个行业似乎最青睐"好人"。若是其他行业，单纯的"好人"不会那么受人尊敬，一切还得看个人的工作能力。

如果一个人的优点只是人好，那有什么用呢？一个人的价值并不取决于他人好不好，受不受人喜欢。作为一个专业人士，必须要把自己的本职工作做好，这样的人生才有意义。不过这一点似乎并没有在教师行业里得到重视。

这个行业早已对"好人"形成了一种刻板印象，不仅本人会以此为荣，别人也不会对他有其他要求。我认为这正是让教师这个职业危机四伏的根源。

在教师越来越不受尊敬的今天（日本），想当老师的孩子少之又少。面对如此无奈的现状，我们必须做出深刻反省。但有一点是可以肯定的，它早已不再是曾经那个令人憧憬的职业了。

教师这个职业的不受欢迎或许是因为工作内容的繁杂琐碎。换句话说，就是无法直观地感受到自己对新时代建设所作出的贡献。因为教育的影响作用往往不能立竿见影地显现出来，所以也就很难让孩子们去认识和了解这个职业。而在很多非教师群体眼里，教师却又是轻松并有些自以为是的。这种印象的形成不正是由于专业意识的淡薄，一味推崇"好人"所导致的吗？

当然，这种意识或许表现得并不明显。不过是我把那些隐藏的东西特意拿出来放大了罢了。但是我认为这些都是必须拿出来，让大家引起重视的。

如果没有这个自觉的话，接下来会出现的盲点就是，会想当然地以为自己是受人仰慕的对象，会觉得社会上的每一个人都对自己有好感。而我在这一点上一直是非常警惕的。

## 禁忌语"明白了吗"

孩子们对老师的态度向来都是顺从的。这就会让我们产生一种每个人都会顺从自己的错觉。这当然是不现实的事情。并且，会抱有"社会上大多数的人都会积极地顺从自己"这样的想法就未免太过天真了。我们常说人应该做好最坏的打算，即使没有朋友也要勇敢地生活下去，可仔细一想，教师的身边却总是布满了各种陷阱，因为无论我们说什么，都会有人赞成，无论我们做什么，都会被夸"做得好"，可以说，老师对这些陷阱的戒备心要比其他行业的人低得多。

如果是其他行业的人，大家一般会预设各种反对意见，然后迎难而上。会在为失败做好充足的准备后再着手去做。而老师则不然，在大家的潜意识里成功是必然的。我们向学生提问的时候，也理所当然地认为他们一定能给出正确答案。如果学生的回答与自己预期的相反，或者回答的是"我不知道"，老师一定会吓一跳。之所以会出现这样的反应，也正是因为老师的天真。大家天真地认为——孩子们会说出自己预期的答案，老师让他们向右他们便会向右。但社会上可不是这样的。即使面对的是所有人的反对，或者是大家的无动于衷，也必须坚守自己的主张。

然而，课堂上却又是另一番景象，老师在问出"明白了吗"时，期待的回答基本都是"明白了"。学生们对此也是心领神会，只要听到"明白了吗"，就会回答"明白了"。或许是因为他们知道回答"不明白"是自找没趣，或许是基于一种习惯。因为老师和学生之间早已形成了一听到"明白了吗"，就回答"明白了"的互动模式。老师问这个问题不过是走个形式，他们并没有期待孩子们会认真回答。

当你听到对方说"我什么都不知道"时，会是什么样的反应呢？一定会吓一跳吧。由此也可以看出你是多么天真。我曾经为了不让自己问出"明白了吗"这个问题，我会把自己的手指捆起来，然后在手指上挂一块写着"×明白了吗"的牌子，为的就是随时提醒自己。

## 不知谁是老师

我们总是乐观地以为一切尽在掌握之中，所以当孩子对我们的"明白了吧"说"没有"时，我们会立马变得慌乱。尤其是在受到孩子顶撞的时候，更会陷入惊慌失措的状态。我们不仅会被学生回答的"我不知道"吓到，甚至还会因对方离谱的回答而恼羞成怒，想要骂孩子"太差劲"，就算没到发火的程度，也会给孩子贴上"学困生"的标签。

而出了学校可就不一样了。没有人会马上诋毁一个对自己提反对意见的人。我们一般都会立即反思："为什么他会那样说？他好像没理解我的意思，我再说一遍吧。"可一旦面对的是学生，我们则会倾向于把责任归咎给学生，认为不懂是他们的问题。

总之，因为老师在与人打交道时，总是习惯性地期待从对方那里获得"认可"，所以在较真的家长眼里，老师总会给人靠不住、过度乐观、有别于常人的感觉。但是家长知道这些话不能乱说，于是就会对此绝口不提。就算心里觉得小孩成绩不好和老师有关，也不会轻易说出口。

他们不会去质问老师："您怎么把我家孩子教成这个样子了？""这孩子原本就是这样，您想过什么办法吗？"而是只会诚惶诚恐地给老师赔不是："对不起，我们会让他在家里好好学习的。"这样工作下去虽然也没有问题，可若是到了家长受不了老师对孩子的一一指责而一反常态的那一天，只怕会被家长一连串"孩子不就是应该由老师来教的吗？""老师不就是要帮助他们把不会的搞懂吗？"之类的责问折磨得够呛。如果对方指出"让那些不讲礼貌、调皮捣蛋的孩子，外行人搞不定的孩子听话不是你们老师的工作吗"，那可真是糟糕透了。还好家长不会这样说我们，这让我们省去了很多麻烦。只不过存在这种闭口不提的默契也真的是非常奇怪。

因材施教，将成绩不好、注意力不集中的孩子培养成对建设新时代有用的人原本是我们的本职工作，而我们却将这些全部转嫁给了孩子的母亲。我们总是在对孩子们的家长说"你能督促他再多学点吗？""你们能不能在家里再说说他？""总之他老是给大家添麻烦，这让我很难办啊……"诸如此类，让人分不清到底谁才是老师。

因本职工作没有做好而得不到尊敬，这也是没有办法的事。而我特别在意的是教师行业里存在的那种特有的盲目乐观。我们必须克服这一点，让自己成为一个真正的专业人士。出于对孩子的喜欢而加入这一行是可以的，但是与此同时，如果不能严肃看待教师这个职业，那就无法深入理解今天这场培训的意义。

## 作为专业人士的实力

我们不应该对学生有什么要求。如果认为只要努力地教，孩子就能学会，那未免有点过于乐观。事情的发展不可能那么一帆风顺。想必大家也都明白，任何工作不是只要努力就一定能做好的，对吧。

虽然有句话叫"心想事成"，但它似乎并不适用于工作。不要把人生看得如此轻松，认为所有工作只要努力就一定会有好结果。有时候敷衍了事的工作会进展得十分顺利，而全力以赴的工作却毫无起色，这样的例子比比皆是。因此，并不是只要我们努力地教，孩子就一定能学会。课堂可不是一个这么容易搞定的地方。不管老师怎么努力，总会有听不懂、学不会的孩子，也总会有不听话的孩子。教书不是一件容易的事。而我们却又总是在灌输给孩子"只要努力就会成功"的价值观，我们在这一点上太过乐观了。

如果爱孩子，就要动用自己所有的专业知识和技能，去想方设法地提高孩子的能力，这才是爱孩子、让孩子幸福的唯一方法，其他一切都是次要的。摸头、一起玩、语气温柔这些都是次要的。只是说作为老师可以那样做，但并不是说只要做了那些便可高枕无忧。关键还是要通过自己的研究成果和强大的教学实力去真正提升孩子的能力。也就是说，如果不好好教，无论是摸头，还是一起玩，都是毫无价值的。

尤其越是面对年龄小的孩子，我越不想一味地依靠这些小技巧。对于一个尚未适应"老师"这个称呼的新手老师而言，和孩子们一起玩耍，和他们打成一片自然是一件令人开心的事情。可是等到上了一定的年纪，人便不会再满足于这些，届时莫名的空虚感便会涌上心头。这么说并不是反对老师和孩子们一起玩，我反而是赞成老师一定要和学生多玩的，只是在玩的同时，老师一定要把自己该做的事情做好才行，否则就会不思进取，最终把自己给毁了。

如果老师自己不思进取，也就是说如果老师不能从中实现自我价值，工作就会变成一个单纯为了谋生的手段，也就很难将自己的工作热情一直保持下去。等到了忍无可忍的那一天，光和孩子们一起玩的空虚感便会油然而生。并且，这样的老师就算陪着孩子们玩，帮孩子们捡球，也不会让孩子们幸福。我这些话说得可能有点重，但是在我看来，老师真的不必在这些无关紧要、细枝末节的事情上花费太多精力。因为在与孩子们的相处过程中，这些都是会自然流露出来的。只要每个人能清楚地知道自己最应该做的是什么，并每天都能督促自己，兢兢业业地完成自己的任务，那么，即使到了无法和学生们一起玩的年纪，也能目标明确地、充实地生活下去。即使不摸孩子们的头，也能让他们感到幸福。

培训是为了提高教师的教学水平，促进教师专业能力的发展。如果每天的工作只是应付了事，那就根本没有参加培训的必要。因为你不仅能勉强完成每天的工作，而且也很喜欢孩子，与他们相处得很融洽。但如果想让自己不管到了多少岁，即便是走到了人生的终点，也能始终如一地坚持自己的信念，用坚定不移的态度对待工作，那就必须在教书育人方面有过人的本事，这是我们的看家本领，是从事教师工作的核心技能，是别人无法做到的。只要牢牢掌握好这一点，自己就不会动摇。而促进老师专业能力的提高才是举办培训的真正意义所在。可以说，提升专业能力并不是为了让我们勉强度日，而是为了顺利过完这一生。

## 什么是真正的爱

不管老师的生活态度如何，但我认为作为一个专业人士，首先要不断去学习，那才是老师对孩子的爱的表达。当然也可以有其他的表达方式，只是我还没有找到其他更好的方式。

就像我刚才说的，陪孩子玩，摸孩子的头，这些都是对孩子表达爱的方式，但又都无法完全地表达出对孩子的爱。而且，等到了一定的年纪，老师可能连做这些都会力不从心。因此，老师对孩子的爱应该是要为他们做好长远的打算——要培养孩子独立生存的能力。如果我们能让孩子尽可能多地具备这些能力，就能让他们幸福地生活。否则，就不能说自己爱孩子。当父母离开，老师不在时，孩子们必须独自在这个世界上生存下去。到那个时候，如果他们没有独自面对生活的能力，那该多惨啊！从我这个语文老师的角度来看，如果孩子的语言表达能力太差，他会活得非常可怜。加强听说读写等方面的能力培养，让孩子们拥有灵活自如的语言运用能力，这便是我给予学生最深的爱。

其他种种都不过是日后回忆里的锦上添花。而那些对培养生存能力毫无助益的爱则难免令人惋惜。因此，专业老师之于孩子的爱应该是从长远的角度去培养孩子独立生存的能力。只有培养出这样的人，才算是老师的本事。

如果真的爱孩子，就不要让孩子在独自面对生活时举步维艰。上学时辛苦一点，流点眼泪没什么，只要关键时候不用流泪就行。在尚有大人护佑的幸福当下，有没有被老师摸头其实差别并不是很大。但是，如果不能将孩子培养成敢于独自面对生活，能够游刃有余地生存下去的人，那就是孩子最大的不幸。在置孩子于不幸的同时，又口口声声地强调自己爱孩子，又能有什么用呢？

# 提升专业技能

## 外行人也能学会的教学方法

接下来我想以语文为例，来具体讲讲如何进行写作教学。

首先，我想要做的是提高学生的写作能力。假设你看着大家在写作文这件事儿上很费劲，想要提高他们的写作能力——这是每个老师在看到孩子写不出作文时都会想要做的事情。也可以说这是老师对孩子的慈悲和爱。如果一个人会为写不出文章而苦恼，或是无法用文字表达出心中所想，那么这个人就是不完整的。反之，如果能将心中所想流畅地写成文字，那就会非常幸福。我甚至认为，如果不让孩子掌握好写作这项技能，走上社会后恐怕会寸步难行。

对于想要提高写作能力的人，大家通常会给出"要多写多练""每天写一篇日记，写习惯了就好了"等建议。而我对这些做法是持怀疑态度的。每天写一篇日记真的就能进步吗？孩子真的会听从建议，坚持每天都写吗？把建议当耳边风，根本不会去写的孩子应该大有人在吧？当然，的确也有因为老师的一句话而坚持写了一辈子日记的人，但我们必须考虑的是"他们是不是真就因此练就了很强的写作能力了呢"。我想就算有这样的人，也不过是个例罢了。

总之，这些都是外行人也能给的建议。而我要做的是专业教师，我想从专业的角度给孩子专业的写作建议。首先，用"要加油""要多写"这种命令式的语气对学生发号施令，这可不是为人师表该做的事情。如果老师认为只要发出指令，学生就会言听计从，那真是过于乐观了。试想一下，指令发出后，课堂上究竟有多少人会去做？又有多少人能做好呢？如果学生没做就责怪学生不听话，这完全就是疏忽职守。让那些不听话的学生把事情做完才是老师的本事。

由此想来，在进行写作练习时，光给出"请进行写作练习"的指令是不行的，必须让大家动笔去写。并且，如果心里没有想要表达的内容，写作练习也就无从谈起，毕竟巧妇也难为无米之炊嘛。还有一些人是为了不挨老师批评才勉强去写的，像这种为了完成任务而写出来的文章，基本都是空洞干瘪的流水账。这种似是而非的练习不过是走个过场，根本起不到练习的作用。想要练习写作，首先要准备好写作素材。我们必须让孩子心里装满想要表达的内容，有不吐不快的表达欲望，并且还要引导他们进行发散性思考。如果不是专业教师，是很难做到这些的。

"写吧，好好写"这句话谁都会说，但要激发出孩子的写作欲望可就没那么简单了，而这正是老师的老本行！首先要让孩子有想写的内容，然后再自然地引导他们进入"写作"阶段——这才是一个专业老师应该做的工作。

## 专业技能——如何教人写作

举个例子。首先要事先准备一个故事，是要讲给孩子们听的。然后将故事分成三段，并给孩子们每人发一张画有三个空白框的纸。

"接下来我要给大家讲个故事……"——孩子们一听到要讲故事，自然会很高兴。各位对此应该都有同感吧。虽然不知道老师会讲什么，但孩子们对"听故事"这件事总是格外喜欢。开讲之前，首先要给大家布置好任务："讲到中途我会停下来，到时候请把自己当下想到的内容写下来。写什么都无所谓，也别管写得好不好。在我停下来后，大家用两三分钟把浮现在脑海中的东西写下来就行。这就是我们今天的任务。"至于讲什么内容，在什么地方停下，这就是老师的本事了。另外，适合做这种教材的必须是具有启发性、发人深省的题材。同时，老师必须精准拿捏时机，一定要在大家思绪万千的地方停下来，否则就会功亏一篑。

我来讲一个我在课上讲过的故事。只是一个简短的梗概而已。

我有一个比我大四岁的姐姐，已经去世多年。也许是早逝的缘故，她在我们心里就是一个人人羡慕的完人。首先，她身材高挑，相貌出众；其次，她声线优美，还写得一手好字；再次，她不仅钢琴弹得好，作文写得好，数学、语文拿满分更是家常便饭的事，简直就是一个无所不能的奇女子。这就是我的姐姐。她心地特别善良，只可惜身体一直很不好。而我比她低四级，各方面表现却差得远。其中最糟糕的就是当时的图画课。我画画非常差。

在我上五年级的一天，老师布置了一项绘画作业——画扇面。也就是在团扇的扇面上作画，先在画纸上画出实物大小的团扇轮廓，然后斜着画一个框，再在框里面画上以植物为主题的图案，最后，要用颜料上色。

我从老师那里领完纸就回去了。离开时，身后传来了老师的叮嘱："别把纸给弄皱了！"我一边担心会把纸弄皱，一边又为明天必须要交的这个我最讨厌最不擅长的绘画作业而发愁，所以那天我是怀着无比郁闷的心情回的家。一到家，我就马上坐在了桌子前画。无论多么讨厌的作业，我都不敢不做。以前的孩子哪敢逃作业，只要老师说了，就一定会做。

我不知道该如何下笔，于是干脆在扇面上斜着画了两条线，这样就出来了一个宽约5厘米的框。当我正想着"往里面画点植物图案就可以了"时，抬头看到了屋外院子里的小葡萄架，于是灵机一动："嘿！可以画葡萄嘛！"这个点子还是很不错的，我在上面画了弯曲的藤蔓和成串的果实——到这里一切进展得还算顺利。用铅笔打完草稿后，接下来就是涂水彩颜料。刚开始我是画完了擦，擦完了画，来来回回修改了好几次之后，颜料开始变得模糊不堪。而且葡萄藤蔓特别细，涂颜料时，我的手总是会不由自主地抖，以至于藤蔓变得越来越粗，颜料也在四周晕染开来。我尝试着将葡萄的果实涂成紫色，但总是无法涂出圆圆的形状。我的手实在是太笨了，明明用铅笔画出来是圆的，可一上颜料，就不知怎么搞的，全都变成乱七八糟的形状了。看着眼前这个丑八怪，我愈发讨厌起画画来，同时又因为画得实在太糟糕，不禁难过得抽泣起来。

姐姐因为得了胸膜炎，自己单独睡在隔壁房间。当时，她刚用针筒抽完胸腔里的积液，按理说是必须卧床静养的。但她似乎觉察到了我的啜泣，用蚊子般虚弱的声音唤了一声我的名字。我以为姐姐找我有事，便轻轻推开门，带着满脸泪水看向姐姐。姐姐即使躺在隔壁房间，想必也一定知道发生了什么事。她虚弱地说了句："拿过来吧。"是用那种说悄悄话般的微弱音量说的。我急忙把画拿到姐姐跟前。原本连水都必须躺在床上喝的姐姐此刻却坐起身来，在补了一点颜料后，刷刷刷地就帮我画了起来。姐姐每添一笔，葡萄就变得更加逼真，更有光泽。之后她又帮我点缀了一下藤蔓的部分，原本歪歪扭扭的藤蔓瞬间就变成了一条流畅漂亮的绿线，藤蔓尖端的卷须更是画得惟妙惟肖。

我虽然不擅长绘画，却明白姐姐这幅画是相当厉害的。在姐姐的妙手之下，这幅画已然变得栩栩如生，令人着迷。我实在是太开心了，把画拿回房间后又仔细端详了很久，而挂在脸上的眼泪也很快就干了。待颜料干透，我用芯筒将画卷好，又用纸包了起来，准备第二天带去学校。

隔天一大早，我兴高采烈地拿着画去了学校。第一堂课时老师就问到了作业的事，于是大家纷纷把自己的画拿了出来。我小心翼翼地解开绳子，取出芯筒，把画拿到了老师那里。老师一边说着"好，好"，一边收下了大家的画。轮到我交的时候，老师也说了一声"好"。

第二天，老师把画得好的作品都贴了出来。凑上前一看，发现里面竟然还有自己的。围观的同学也都连连称赞道："大村画得很不错嘛。"那天我感觉自己简直幸福得要上天了。我一直沉浸在兴奋之中，都没工夫去想那幅画其实不能算自己画的。

过了两三天，因为接下来要张贴书法作品，老师把画取下来还给了大家，当然也包括我的那幅。我看了看画纸的背面，发现上面竟然画了五个圈。我们老师的标准是三个圈代表画得极好，其次是两个圈、一个圈。因为很多时候我都得不到圈，所以只要能得一个我就谢天谢地了。而这一次我竟然得了五个，可见这幅画真的称得上是一幅杰作。这让我激动不已，那种喜悦的心情我至今难以忘怀。

故事到这里就结束了。只是后来仔细想来，老师在一边说着"好"，一边接过画的时候，应该就已经察觉到那不是我画的了。因为如此一目了然的事情，作为教了我那么多年的老师是不可能察觉不到的。老师其实什么都知道，但还是默默收下了我的画。并且，他不但把我的画张贴了出来，还给了我五个圈的高分评价。是的，老师最终对我的错误选择了不予过问。

我也是在自己当上老师后，才真正体会到老师当时对我的良苦用心。老师知道我不是一个总拿别人的画作交差的孩子，也清楚我以后不会再做那样的事，于是他对此选择了视而不见。老师并没有夺走我仅有的那一次喜悦，而是任由我高兴，心甘情愿地被我欺骗，我至今依然能感受到老师对我的包容和宽爱。其实，对于这件事情，老师怎么批评都是不过分的。即使指着我的鼻子骂，我也不敢有半句怨言。无论老师如何责备，或是让我说出实情并为此道歉也是合情合理的。可老师并没有那么做，而是根据我的情况，选择原谅了我那唯一的一次谎言，护住了我的那份喜悦，老师对我的爱深厚且包容，让我感激不已。以至于我在当上老师后，依然无比怀念这位老师。这件事也让我进行了深刻的自我反省——我不该常常不分青红皂白地为一些偶发事件训斥孩子，不该总是因一些零星琐碎、无关紧要的事情责备孩子。

接下来，我们来思考一下故事停顿的时机，究竟停在哪里孩子们会比较好写呢？如果停在老师布置了绘画作业，但自己不会画那里，孩子们多少会心生同情，因为大家会认为我已经走投无路，只能把自己糟糕的画作交上去。如果停在让姐姐帮忙那里，大家会很惊讶，会觉得这是件非常了不得的事。于是便会联想到很多种情况，这样写作素材也就出来了。如果停在第二天和大家一起交作业那里，那么孩子们基本就会认定我会被老师痛批一顿。他们会想很多，比如我是怎么道歉的，会不会被老师揍一顿等等。可见，不管停在哪里，孩子们都会有自己的想法。最后，当我谈到自己今天深深感受到了老师的爱时，他们也会对我的感受产生共情，毕竟这群孩子也都已经是初中生了。

　　像这样，根据停顿时机的不同，故事对孩子们的触动、所引发的思考也不尽相同，别说无话可写了，恐怕想写的东西会源源不断地涌上心头。如果能在这种状态下写作，练习就不再是枯燥乏味的训练，而是可以让大家一边捕捉鲜活的思绪，一边将心中所想用文字表达出来的活动。这难道不就是写作的基本流程吗？

　　而无论是题材的选择，故事停顿的时机，还是讲故事的方式，这些都不是外行人能做的，只有专业的写作老师才能胜任。我之所以想成为专业人士，想贯彻职业精神，也正是出于这个原因。在我给孩子们布置任务的时候，我希望自己能用无愧于专业人士的教学方法站在孩子们面前。

## 找题材之苦

　　常言道"留心处处皆文章"。如果写记叙文时只知道记流水账，老师就会拿出这样一套说辞："别总把那些老生常谈的东西拿出来写，要做生活中的有心人。只要善于观察和发现，就一定能找到感人的题材。没有感动哪能写出好文章！""一定要写自己感触很深的东西，那些不痛不痒的题材，无论写多少都不会进步。"理的确是这么个理，只是如此直白的措辞更像是评论家对成年人的点评，完全不像老师该说的话。

　　首先，找题材可不是一件简单的事，无论多么努力地寻找，都很难找到合适的。不仅孩子们如此，就连我们这些专门从事教材指导工作的大人，即便在工作中处处留心，也还是很难找到适合写随笔的题材。即使给自己定下每周一篇随笔的规定，也很难在一周之内找到生动的好题材。只要试试你就会知道，无论是留心观察生活，还是读报纸，看电视，做各种努力，能让你深有感触、想要写下来的题材其实是非常少的。

我们曾在研讨会上讨论过这个问题，于是有人提议："每次开会的时候（每月一次），每个人都带一个适合演讲的题材过来，大家在研讨会开始之前进行演讲。有好的题材，大家就相互分享。"大家对此一致赞同："这个主意很好，如果一次能收集到四五个题材，接下来的一个月就能高枕无忧了。"可是，等到下次开会的时候，大家就会搬出各种理由："不好意思，我今天没有什么好题材，这次就把我跳过去吧！""我还是下次吧，这几天一直在忙研讨会，实在没时间想作文的事。而且我不仅要准备社会课，还得为理科研讨会准备实验器材……"又不是参加什么借口大赛，哪儿来那么多五花八门的理由！没过多久这件事也就不了了之了。

我们告诉学生的是"留心处处皆文章"，可自己作为成年人，作为专业人士，花了一个月的时间竟然连一个拿得出手的题材都找不到！由此也足以看出找题材之难。

来开会的人没有哪个是不会写文章的。写不出来无非是没有题材而已。只要题材有了，文章便不在话下。任何一个当老师的人不可能不会写文章，巧妇难为无米之炊，没有题材，叫人如何下笔？

由此可见，我们对孩子说的那句"要做有心人"是多么不近人情的一句话。要想让孩子去寻找优秀的题材，除了靠老师用独特的视角，从平凡的生活中巧妙取材，其他别无他法。老师和孩子们朝夕共处，如果连老师都找不到，孩子们就更不可能找到。寻找适合孩子写作的题材真的很不容易，这也是最令我头疼的地方。

## 亲自示范如何取材

虽然从与学生朝夕相处的场景中寻找题材是一件很难的事，但是除了亲自示范，我们没有其他途径。

我来举一个石川台中学毕业旅行的例子。虽然是去旅行了，但我并不打算让大家以此为题来写作文。甚至可以说，我很反对这种去完郊游就让大家写郊游，办完运动会就让大家写运动会的做法。而我的反对也是有我的理由的。不过在说这个之前，我要先和大家聊点别的。

战前，都立八潮高中（当时的府立第八女子高中）的山本猛校长是我非常尊敬和仰慕的一位老师。山本校长上任后，他像拜托语文老师那样，给各科老师都提了一个极具山本校长个人特色的建议，并要求大家务必执行。而他"拜托语文老师"的是"请不在郊游回来后给学生布置作文"。这个建议不禁让人苦笑不已。因为在那个年代，这样的活动通常都被视为布置作文的绝佳机会。

我一边由衷地仰慕着校长，一边在八潮高中过着紧张而幸福的生活。校长对我有知遇之恩，他当时所说的话我至今依然记忆犹新。我逐渐明白了"不要在郊游回来后给学生布置作文"这句话的深意，并且也引发了我对这件事的一些思考。比如，在学生没有强烈写作欲望的情况下，老师为了图方便，把作文当成活动的衍生任务这种做法背后的问题等。

因此，我并不认为毕业旅行后必须要写游记。不过我现在也没有完全遵照"不要给学生布置作文"这句话去做，作文我还是会让大家写，只是不会让它成为学生的负担。我不会让学生们在旅行途中背负作文的压力，而是会让他们尽情地去感受、去品味、去享受旅途中的每一个瞬间，然后进一步激发出他们的写作欲望。而我所做的就是让他们找到旅途中的亮点，也就是让旅行变得有题材可写。

我刚刚是为了讲亲自示范如何取材而举了一个例子，稍微有点扯远了。

言归正传，毕业旅行回来后，我以"何为有趣"为题与大家进行了一番讨论。我讲的是"值得一写的旅途收获"。这是我给大家做的一次取材示范。内容是旅行途中所发生的，让我对"有趣"有了全新认识的的三件事。

我们去了比叡山。去看了被守护了两千多年的传统法灯。那里是毕业旅行的必去之地。我们去的那天刚好还有其他几所学校的学生在参观。去之前我便早已对那里森严的规定有所耳闻。果然在正式参观之前，我们收到了各种警告提醒。比如必须脱鞋进入；如果鞋子摆歪了，和尚会生气，会不搭理你；和尚讲话时，身体不能动，否则会受到严厉的惩罚等。于是大家精神变得高度紧张，脱了鞋后，会马上把鞋摆放得整整齐齐；在跨入大殿时连半点脚步声都不敢有，更别说说话了；入座后大家更是完全不敢动。寺院规定，入殿后不准咳嗽，更不许聊天。大家就那样一动不动地聆听着大师讲法，静静地遥拜大师所指的法灯，与平时完全判若两人。但是等到一切结束，出了大殿后，大家都松了一口气，完全不记得自己听过什么，真的是什么都不记得。甚至没几个孩子记得参观了两千年法灯这件事。他们只是竭尽全力地坐着，除了脚痛之外，什么都不记得。大师讲的内容的确非常精彩，可孩子们却是愁得不行，因为他们虽然听了特别精彩的内容，但却一点儿都没记住。也就是说，整个内容完全没有"记忆点"。这是我想说的孩子会发愁的事情中的其中一件。

紧接着我们又去了奈良。在参观某座寺庙时，师傅给我们做了非常幽默风趣的解说。学生们则是在池塘边依次排开，站着听师傅的讲解，现场气氛轻松自由，笑声不绝于耳。师傅和大家聊了很多，比如那座三重塔是怎么回事，这座塔又怎么了，从这个角度拍会有这样的效果等等。因为讲解实在太精彩，以至于大家从头到尾都在笑，不笑的时间很少。最后他还给我们推荐了明信片和照片："各位老师，要不要买点回去挂在家里呀？"学生都笑嘻嘻地在一旁看热闹："老师，您要不要买呀？"整个过程不仅不会脚麻，而且非常有趣。可是当时我却在想，作为寺院的和尚，在佛堂圣地用这种幽默风趣的方式介绍如此优秀的文化艺术，从宗教信仰的角度、从艺术欣赏的角度真的没问题吗？接着我们又去京都参观了枯山水①。在那里又遇到了一个很有趣的和尚，不过他的有趣和前面那位又略有不同。我们那天是在寺院里吃的午饭，席间，那位和尚对我们的学生赞不绝口："石川台的学生实在是太优秀了，我从来没有见过比他们更有礼貌的学生！""你们每年都来，每年的学生都是那么优秀！我们今天特意准备了一些好菜，就是为了迎接你们的到来，要是全国学生都像你们这么优秀，那日本可就有福咯！"话音刚落，坐在我旁边的一个学生很不以为然地说了句："老师，同一所学校的学生怎么可能人人都优秀，对吧？"的确是这样。夸奖对方，讨对方欢心不是不可以，但也不能一味地恭维和吹捧。如果讲的是枯山水，就应该为此营造出相应的氛围，否则大家就不可能认真听。如果每说一句大家都大笑着回应，对方又会夸奖说："想必你们一定是听出了其中的妙趣，才会笑得如此开心，真是一群聪明的孩子。"于是大家又会哈哈大笑。这样介绍枯山水有趣是有趣，只是大家根本体会不到其中的韵味。

于是，我对学生们说了这样一番话："有趣固然重要，难道光有趣就够了吗？那老师是不是也必须让每堂课都有趣，必须让学生有趣地学习？可是'有趣'指的是什么呢？这让我对'有趣'的定义重新进行了思考。"

这就是我从这次旅行中选取的写作题材，孩子们在听完我的这番话后，会带着怎样的心情去回顾自己这段旅行？——想必大家也能想象

---

① 枯山水：亦称"假山水""干山水"。日本造园术语，专指没有水景的庭院。——编者注

得出来吧？与去过哪些地方、吃过什么盒饭、谁扔了枕头不同，大家会从某个特定的角度去回顾，会去收集一些旅途中带给过自己感动的事情，然后通过深入思考，写下自己的新发现。也就是说，不要只写路上的所见所闻，而是要写下自己的所思所想。但是，如果老师只是对此做出口头要求，估计他们什么也写不出来。我们要以实例分享的方式引导孩子们去回顾，去感受，去深入思考，去学习老师看问题的角度，要让整个过程从"老师想让"转化为"学生想做"。我上课属于传统保守式的，课堂上基本上都是我讲学生听。但是，我不会说教式地先说完自己的想法，然后定个题目让学生去写。而是会先在课堂上为学生做出示范，然后给他们留出写作的时间，教他们如何去写。无论是教学生找切入点，还是培养学生对主题的理解能力，如果老师不以身作则，将自己在旅行、工作或是日常生活中的亲身经历讲出来，学生是很难进行深入思考的。为了找到给学生做示范的合适例子，我吃了不少苦。需要考虑的一个重点是，在不进行说教式讲解和不做出明确指示的情况下，老师要从什么角度，要说些什么，才能让旅行归来的孩子们静下心去写一篇观点深刻、值得一读的好文章？这不是随便一个外行人就能做到的，需要的是专业老师的指导。仅仅只是受过良好教育的人还不足以胜任这一工作。

## 发现教材

再给大家讲一件事。

不久前，报纸的投稿栏上刊登了这样一则故事。是一位从警车司机的岗位退休、后来当了个体出租车司机的人写的。不知各位有没有看过？那个人曾是一名警车司机，开警车时从没出过事故（当然也从来没有违过章），是一名非常优秀的司机。因为有多年开车的经验，退休后，他很快就去当了一名出租车司机。可就是这样一位有着多年驾驶经验的老司机，却在当上出租车司机后频频与危险擦肩而过，即使是现在，也依然面临着随时都可能出车祸的危险，这让他对开车有了阴影，不敢再去碰车。作者在文中分析说，之所以开警车时一切都很顺利，是因为大家对警车从来都是小心翼翼，敬而远之。但出租车的情况可就大不相同了，谁会对一辆出租车客气？大家不仅会接连不断地贴靠过来，也根本没有安全车距的意识，总是会紧随其后，车与车之间只要有一点间隔，其他车就会马上插进来。这样的事情每天都在重复上演，最终导致这位老司机彻底不敢再开车。

这是一个非常有意思的故事，小说中也有情节类似的作品。菊池宽的小说里就有一篇名为《形》的短篇小说。题材取自日本战国时代。其故事梗概大致是这样的：有着显赫战绩的将军中村新兵卫总会身披"猩红外袍"赴战场应战。作为神枪手的他只要出现在战场上便会令敌人闻风丧胆。有一天，一个年轻士兵过来找他，说自己第一次上战场，特别想借神枪手的"猩红外袍"一用。这个士兵应该是想在第一次战役中用华丽的战服震慑住敌人，好一举立下战功。神枪手觉得："自己完全是凭实力取胜，与衣服这些并无关系，只要借的不是长枪就行。"于是便不假思索地把外袍借给了他，而自己则是穿着黑色羽衣上的战场。战场上，神枪手环顾四周，看到那个年轻武士正穿着自己借给他的"猩红外袍"在战场上骁勇应战。敌人一批批地往上涌，他却毫不畏惧，所向披靡。接下来，神枪手作为第二波应战士兵走上了战场。以前只要"猩红外袍"一出现在战场便能让敌人闻风丧胆，但这一次的情形却大不相同。以至于神枪手这边的士气一落千丈，不敢贸然出击。可是只要对战双方有一方出现退缩，另一方便会变得无所畏惧，勇往直前。因为一旦向对方露了怯，就会让对方士气大振，势如破竹。最终，那位神枪手被对方刺中侧腹，倒在了战场上。这篇小说探讨的主题是"外形"究竟会发挥怎样的作用。这和前面警车司机的故事是有相似共通之处的。

《形》这篇小说是我很久之前读的，它曾经还被收录进了教科书里，是一个很有意思的故事。在说到警车司机的事时，我马上想到了这篇文章。于是就开始琢磨如何把它拿来当教材用。用现在的话说，它适合用来做"重叠阅读"的教材。重叠阅读的教材很不好找，又难得这本书合适，我决定拿它试一试。我会先让大家读完《形》这篇小说。在有了这个铺垫后，大家自然会注意到那篇登在报纸投稿栏里的警车司机的故事，并且会将二者联系起来。这就是我们所需要的教材。

# 避免模式化教学

## 用专业思维看问题

当老师的人很难在上班和下班之间自由切换身份，下班后也总会情不自禁地去想孩子的事、教材的事。虽然上课时我们有教科书可用，但是活教材是需要老师根据孩子的具体情况去寻找发现的。即便是两篇有关联的文章或作品，如果老师不能将二者合理地联系起来，它们就成不了教材。每位老师都应该带着这种意识，时刻关注与孩子有关的话题和教材。这也是一种老师的自我培训。时刻惦记着要收集题材，不停地寻找合适的教材——这不正是热衷教学的一种表现吗？热情这种东西，我们很难简单地说出它具体表现在什么地方，也很难轻易地看出一个人对某件事究竟有没有热情。判断一个老师对工作是否热情，不仅要看他在课堂上的表现，还要看他课堂外是否用心。好教材必须是老师用专业的思维、通过认真的研究才能发现的。

各种数据在普通人眼里不过是单纯的数字而已，但实业家却能从中想到各种各样的策略。所谓的专业，就是能将普通人眼中稀松平常的事物与自己的工作关联起来，并从中萌生出新的创意，而这些稀松平常的事物可以是任何东西，比如广告、数字、画、杂志封面等。

从专业的角度、用专业的思维去做生活中的有心人，郊游时要努力捕捉独特新颖的话题，读报时要用心寻找合适的题材，这不正是教师应有的工作热情吗？我认为这才是教师的职业精神。

## 不会提问的模式化老师

很多老师的教学方式都特别直白，想要提高学生的阅读能力，就会直接问文章的内容要点是什么？这会给人很不专业的感觉。为了教大家如何构思文章，大多数老师的做法是先给学生看一篇范文，然后围绕这篇范文进行提问，比如"你觉得这篇文章的结构怎么样？""这篇文章的开头、中间、结尾都写了什么？"等。

这的确不失为上课的一种方式，可如果老师总是用这一种方式上课，那就太单调了。可以说这也是模式化的一种表现。再好的方法用多了就容易故步自封。孩子是最容易喜新厌旧的，他们对"再"这个词是极为反感的。

我们只要稍加留心，就会发现老师总是在重复着同样的话。像"要挺胸收腹""别忘东西"这些基本就是老师的口头禅。如果是不得不说的话，那当然一定要说。像"要挺胸收腹"这些也就罢了，就连"这篇文章的主要内容是什么"这样的话，老师也总是常常挂在嘴边。问这个问题的目的应该是让学生把握文章大意，可这种提问方式特别不专业，像外行人会问的问题。把握文章大意固然重要，但如果每次都用"这篇文章的主要内容是什么？"提问，那和孩子妈妈又有什么区别呢？

在这种时候，我们应该根据每次的教学目标，结合学生的实际情况，尽可能地去尝试各种方法。这才是专业教师该做的事情。在讲文章结构时，我们可以拿作文作为例子来讲，这是一种非常典型的做法。但如果只用这一种方法，就容易落入俗套。在讲文章结构之前，我们首先要思考大脑究竟是如何构思文章的。大脑在构思一篇文章时，会思考文章各组成部分的时间关系，会对有关联的部分和没有关联的部分做出区分。然后，会为了让文章更好理解、更有魅力而去考虑它们的排列顺序。如果在没有范文的情况下，能够在头脑中理清文章各部分的相同和不同，以及相互间的关系，那么在构思文章时就能信手拈来，在交谈时，就能条理清晰地娓娓道来。

而我们要考虑的则是，如何才能让学生具备"能够对各部分做出区分""懂得思考各部分的关联性"这些最基本的能力。其实要想达成这些目的，作文并不是必须的，只要让大家做这方面的思维训练就行。于是就需要老师开动脑筋去思考"是否还有其他方法可以培养学生这方面的能力"。

我会让学生写每个单元的学习记录，写完后还会让大家给每个单元的学习记录创建一个目录。创建目录的目的是培养孩子的作文构思能力。具体做法是，将学习记录全部写在一张张的小卡片上，并根据卡片上的内容和自己的初步判断给卡片分类，比如"这个和这个是自己的作品""这个是准备材料""这个是别人的想法"，以及"这个是这样产生的"，然后按照"因为它们之间存在这样的关系，所以应该按这个顺序，这样来写"的思路来创建目录。虽然在创建目录的时候并不会去构思文章的内容，但是大脑对这个过程的思考，和构思文章是一样的，属于同一种思维模式。

在培养孩子某项能力时，我们首先要弄清楚在运用这项能力时，大脑是如何运转的？其他工作是否也能让大脑如此运转？通过思考，我们可以找到很多看似毫无关联，实则大脑运转模式一致的东西。这样就可以避免教学模式的一成不变。然而我们也不能一味地求新求变。一味地求新求变和一味地追求有趣，二者的本质是一样的。虽然我们不必向学生解说教学活动背后的教学目标，但是作为老师，我们必须搞清楚什么样的活动可以培养哪些方面的能力。

## 让大家学会独立判断

还有更简单的教学方法。像我的话，除了学习记录，我还会让学生做读书记录。做读书记录要用到很多种格式的纸。有用来写引言的，用来写目录的，还会有一页用来写"关于读书的思考"，另外还有用来写"读书笔记"的，用来收集读后感的，用来收集图书简介和书评的，用来贴剪报的，以及还会有一个"读书评价表"，基本上每个人会有十七八种格式的纸，并且大家会把这些纸装订成册。无论是准备这些格式纸，还是教学生如何制作记录本，都是相当费工夫的事情。

然而，我会这样给大家布置任务，并且会督促每个孩子认真完成。他们首先要制订一个具体计划，明确自己所需纸张的种类和数量，以及装订顺序，并把计划打印出来。然后拿着这份计划前往领纸处，按顺序领取自己所需的纸张，最后配上封面装订成册贴上标签便大功告成。计划必须做得很细，甚至要明确写上装订绳的绳结是放在册子的正面还是背面。我对大家的要求是，必须在规定时间内，按照计划将所有事情全部完成。并且绝对不能与别人商量，也不能对别人指手画脚，要独自一人完成所有工作。

我会先告诉大家："一定要相信自己打印出来的那张纸，有了它，你根本就不用去问别人。即使有不明白的地方，只要冷静地把那张纸再看一遍就一定能明白，千万不要去问别人！"然后再让学生依次去领纸处领纸。虽然是多班同时上课，但这样一来，当这批学生去领纸的时候，其他学生也没有闲着，他们正在做着他们的事。

而我为什么要这样做呢？那是因为刚上初中的孩子都不太自觉，并且依赖性都特别强。就连一些无关紧要的小事，他们都不会自行思考，而是会马上去问其他同学。当你对他们说"某某某，过来一下"时，他们会向身边同学确认："老师是在叫我过去吗？"如果旁边的同学不确定，就会有其他孩子告诉他："叫你呢！""你得过去！"如果你说："每个人拿两张纸。"他们马上就会互相确认："两张？""是两张对吧？""两张！""是两张哦！"为什么他们会做这些多余的事？这正是依赖性太强、不能独立思考的缘故。

入学后，我首先会和大家说这样一番话："中学和小学是不一样的。小学是小朋友读的学校，而中学则是让小朋友成长为大人的学校。如果二者没有区别，那就用不着小学毕业再上中学，干脆小学读九年就好了。正因为中学是一个让小朋友成长为大人的地方，所以必须在中学阶段戒掉所有大人不该有的习惯，同时也要让自己在这三年时间内，成长为一个能独当一面的大人。

"举一个语言方面的例子。在别人讲完话后，一个大人是不会问出'刚才都说了什么？'这么失礼的问题的。如果在听对方说话时走神了，听漏了关键内容，就会问：'非常抱歉，能请您再说一遍吗？'如果不像这样先道歉，就没有资格向对方提要求。即使想让对方再说一遍，也不能冒昧地说：'请再说一次。'而是会先说一句：'非常抱歉……'或是'非常抱歉，刚才您说的是这个吗？'

"像这种成年人的不礼貌行为，是必须在中学阶段通通改掉的。小学能做但中学不能做的事情有很多，所谓的长大成人，首先要自己的事情自己做。在领到学校发的今日学习计划后，首先要做的就是确认内容，然后再按照上面的要求去做。遇到不明白的不要马上去问别人，只要冷静下来再读一遍就一定会明白。另外，不要多管闲事。旁边的人并不需要你去教，他自己能看懂纸上的内容，也会按照要求去做。不要多管闲事，不要多嘴。如果写着'两张纸'，那就不必确认'是两张吧'，也不要告诉对方'是两张哦'，这才是一个成熟之人应有的态度和应对方式。"

而这些行为习惯必须经过训练才能改掉。不要光说一些"要做好自己的事，不要去管别人，必须有自己的主见"这样的大道理，要通过训练让身体去理解。虽然纸上写得很清楚，但如果不逐字逐句地认真看，自然不会知道"究竟是两张纸，还是学习日记或学习生活记录"。这样一来，对孩子们来说，这件事的难度便提高了很多，能在规定时间内完成任务的孩子是很少的。也许你会问"整理几张纸和语文能力有什么关系"，你还真别说，这里面的关系可是非同小可。

在之后进行商量讨论的时候，如果是一群没有主见的人互相依赖，那么这样的讨论是没有意义的。完全听从他人意见的讨论，那不叫讨论。一个没有自己想法的人是没有参与讨论的资格的。

等到想要教大家作为中学生应该如何参与讨论的时候，那些依赖成性，连一张纸都懒得去拿的学生就是最让老师头痛的存在。而装订读书记录用纸这个任务，正是为了让大家养成独立判断的习惯。大家会按照自己的计划圆满完成任务，于是也会在不知不觉中养成良好的习惯。

老师要时刻锁定目标。教科书虽然重要，但也不过是一个工具而已。使用工具为的就是要实现自己的目标，教学上的目标。而教师就是要为了达成目标去选择合适的教材和教学方法。为了培养大家的生存能力去做各种尝试和努力，这才是老师作为专业人士所要贯彻的职业精神。

## 通过培训提高教学能力

在我看来，老师当然是一份职业。有些人不喜欢职业人这个称呼，认为"天职"会更为贴切。可是天职也是"职"，如果做不好职业人又如何能胜任"天职"？天职同样也是需要职业精神的。人们对天职这个词的喜欢不过是受到精神至上论的吸引而已，却并没有认真地将其视作一份职业，认为它是有别于其他职业的特殊存在，我对这种态度实在不敢苟同。在这些人眼里，只要有心，只要有热情就能做个好老师。但事实并非如此，热情也好，人好也罢，作为一名老师，必须要有自己的优势，否则就会在人前低人一等，会没有自信。如果没有任何拿得出手的本事，会非常没有底气。

作为老师，我们不要在个人作用、性格以及对孩子的爱等方面过度自信，应该将这些视为理所当然，同时还要尽可能地提高自己的专业能力。要相信自己一定能成为一名教育专家，切忌自以为是。

培训为我们提供了一个很好的学习和交流的平台，不仅让我们学到了新的知识，也提升了我们的专业能力。

此外，研究和培训不仅是为了提高自身的专业能力，它们还有一个很重要的意义——是我们为了能和孩子有共同语言所做的努力。培训很辛苦，也不会立竿见影，很多时候我们都是听得似懂非懂，等到去做的时候又是一头雾水。不过，因为参加培训的目的是让自己进步，所以这些苦里又总是会带着一丝丝的甜。大家都是想要有所收获，并渴望得到成长才会付诸行动。而审视自己，改进自身不足，努力向前，力求做得更好，这才是一个成长中的少年最自然的姿态。孩子本就是这样一群忘我地渴望成长的人。

即便是不尽如人意、什么都不会的孩子，他们对成长的那种迫切渴求也会让人为之动容。作为老师，我们首先要和孩子们有相同的感受。而所谓的疼爱，其实指的就是和他们有相同的感受。而相同的感受指的又是什么呢？那就是我们要和孩子们一样，要有对成长的迫切渴望，要去感知研究和学习的痛苦，以及与之相伴的那一点点甜——尽管他们本人并没有意识到。只要做到了这一点，无论多大的年纪，即使到了三十岁、四十岁都不会有丝毫的恐惧，就能跨越年龄，永远和孩子们在一起。人一旦失去了对成长的迫切渴望，即使是二十多岁的年轻人，也不可能成为孩子们的朋友。

我认为，那些对进步没有迫切渴求的人，那些不想为成长付出努力的人，都是和孩子没有缘分的人。他们和孩子们已经生活在了完全不同的世界。如果将年轻作为自己的优势，那么一旦韶华逝去，一切不就结束了吗？每个人都会迎来不再年轻的那一天。仅仅凭着年轻去接触孩子，那么不久便会和孩子们分道扬镳。我想每位老师应该都有更高的追求——在品尝着研究的苦与乐的同时，希望自己永远都能做孩子们的好朋友，希望自己能成为一个合格的老师。

大家来参加培训不仅是为了弥补自身的不足，更重要的是为了让自己重新体会到学习的苦与乐，同时这也是一个确认自己是否具备教师资格的机会。希望大家也能由此重新认识到"老师和培训"是相辅相成、不可分割的。

# 教学的最高境界

## 佛祖的手指

最后，我想给大家讲一个我很喜欢的故事。

在都立八潮高中（当时叫府立第八女子高中）工作时，我常常去参加奥田正造老师每周四举办的读书会。奥田老师当时是成蹊女子学校的主任，也是我见过的所有老师中最可怕的一位。所以每次去参加读书会，我都要等别人到了之后再进去，这也是为了避免自己与老师单独共处。那一天我也是算好了才去的，可不知为什么，到了之后才发现其他人一个都没来，房间里只有我和老师两个人。

正当我紧张得手足无措时，老师突然问我："怎么样，大村老师受不受学生们喜欢呀？"我一时语塞，不知该如何作答。说喜欢会怎样？说不喜欢又会怎样？瞬间，我局促得像个孩子一样浑身发抖，过了良久才说出了一个很奇怪的回答："应该是不讨厌的。"老师笑着说："别那么谦虚，你肯定很受大家的欢迎，很受学生的爱戴！"我不知该怎么办才好，正低着头扭扭捏捏的时候，老师给我讲了这样一个故事："一天，正当佛祖站在路边休息时，一个男人拉着一辆满载行李的车子从他身边经过。泥泞的道路让车子深陷泥沼，动弹不得。男人很努力地去拉车，可不管他怎么使劲，车子依然一动不动。佛祖不动声色地看着眼前这个拼命做着各种尝试、汗流浃背的男人。过了许久，他伸出手指，轻轻地点了一下车子。就在那一瞬间，车子嗖地一下滑出了泥泞，男人'哐当哐当'地拉着车子走了。"故事讲完，老师接着说："这才是真正的一流教师。因为男人永远都不会知道其实是佛祖暗中帮了他的忙，会以为他是完全凭自己的努力走出困境，并且会从这件事中获得自信和喜悦。""受学生爱戴固然不错，但这样的老师顶多也只能算二流或三流。"说完，老师朝着我笑了笑。老师的这番话让我深受启发。并且，伴随着时间的流逝，我也有了更深层的感动——如果男人得知车子是在佛祖的帮助下才拖出来的，那么他一定会跪地感谢佛祖。如此一来，男人从中获得的独立生存能力就会少很多。能得到佛祖的帮助，的确会让人感到喜悦和幸福，但是，靠自身努力战胜困难所带来的那种独立面对生活的自信和勇气远比这些要重要得多。每当想到这些，不由感慨老师当时那番话的意味深长。

## 教师的夙愿

幸田文先生的随笔里有一段文字我非常喜欢，不过因为是很久以前读到的，所以原话已经不太记得了。那是先生在女儿结婚时写下的。先生在收到女儿的感谢"衷心感谢母亲长久以来的养育之恩"后写道："你不必感谢我。或许我的确为你做了些事情，但那些正是我活着的意义。爱你、照顾你、牵挂你、为你做各种事情，这些都是我的生活，是我生存的价值。请不要对我心存感激，因为我已经得到了足够的回报。"我对这段文字深有同感。正是因为学生的存在，我才有书可教，这是我活着的意义，并且我已经从中得到了足够的回报。学生不必感谢我，是教书让我有了自己的生活，让我得以在这个世界留下自己的痕迹，让我有了生存在这个世上的意义。我所付出的努力已经全都得到了回报。

我不想成为孩子们的负担。只要他们能用和在我一起时获得的力量全力以赴地过好自己的人生，记不记得我又有什么关系呢？我就像那根佛祖的手指一样……如果我真的优秀，那么孩子们根本就不会想起我。我就想成为佛祖手指一样的存在。教师这份工作的真正成就，就是学生察觉不到老师的帮助，认为一切都是自己的能力，是自己拥有的实力。他们会充满自信地、勇敢地肩负起下一个时代的使命。我想拥有佛祖手指一样高超的技术，让孩子们能在自在的、没有压力的环境中学习。只有这样，才能培养出能够创造出幸福未来、独立生存下去的人。

教师是为明天输送希望的一群人。我们的任务就是培养能够建设下一个时代、能在下一个时代里找到生活的意义并勇敢生活下去的人。作为老师，我的夙愿是希望大家都相信自己的力量，忘记老师的存在。

最后，衷心感谢大家长时间真诚的倾听。①

---

① 出自大村滨老师在东村地区教育员协议会主办的研讨会上的演讲讲稿。（山形县天童市，1973年）

# 如何打造魅力课堂

# 关注每个学生的进步

## 要让每个孩子都能切身感受到自己的进步

每次听人谈到初中生的缺点和不是，包括学习能力缺失、讨论毫无新意、虚度作文课时间、没有阅读习惯等，我都会感到痛心不已。虽然我早已不带学生，听到这些时也不会将自己的学生对号入座，但初中生永远都是我心底最柔软的部分，一听到这些批评，就好像自己学生被说了一样，心里难受得不得了。

我认为所有这些不好的现象都是课堂缺乏吸引力导致的。所以，我总是呼吁老师要"让课堂焕发出百分百的魅力"。有时候我甚至想把这句话喊出来。为此我特意避开"好"这个词，把这次的主题定为"打造魅力课堂"。

任何事情的好坏都不是三言两语可以说清楚的，我们同样很难给"好"定一个明确的标准。好坏（有时）是很难界定的。谁都说不清楚什么样的课堂是"好"，什么样的课堂是"不好"。尽管当下看起来不尽如人意，可谁又知道今天播下的种子日后又会发出什么样的芽？一个班有那么多的孩子，我们不能简单地去说这节课对哪个孩子适合，或者不适合，当然我们也很难做出这样的判断。而"魅力"则不然，它与"好坏"无关，也说不出具体的原因，只是会无缘由地被深深吸引。我真心希望我们的课堂能充满魅力。

课堂应该是一个让所有孩子都能得到成长的地方，所以今天，我打算从"魅力"这个角度来聊一聊课堂。

课堂魅力与学生的成绩无关，甚至可以说是两个完全不同的概念。人与人之间的相处也是如此，一个人是否有魅力，与其是否拥有权力毫无关系，魅力是一种不可言说、无缘由的吸引。我常常在想，如果课堂充满了这样的魅力，一切问题不都迎刃而解了吗？

所谓的魅力，简单地说就是要让每个孩子都有明显的进步。一个人如果看不到自己的进步，也就察觉不到其中的魅力。不管孩子的起点有多低，只要他感受到了自己的进步，就会情不自禁地被吸引过去。在我看来，如果达不到这个效果，无论多好的课都是毫无魅力可言的。"让每个人都能看到自己的进步，在深受鼓舞的同时，积极自主地投入学习"——一想到学生在课堂魅力的吸引下所呈现出来的这种学习状态，我脑海中浮现出来的不二选择就是单元学习①。

说到单元学习，往往会有大量的教材，学生们要么听、要么说、要么读、要么写、要么聊天、要么站着、要么坐着、要么进进出出，总之就是给人一种乱糟糟、闹哄哄、杂乱无章的课堂印象。往好里说，就

---

① 单元学习：该方法与以老师为中心的讲解型教学不同。它起源于美国，二战后盛行于日本，它突出语言的实用性和与生活的联系，通过有价值的话题和具体的语言实践活动来培养学习者的语言能力。——编者注

是教材种类丰富，教学活动多元，并且能让学优生和学困生都获得进步——这也是大家对单元学习的共识。

可是，当谈到学优生和学困生都能获得进步这个话题时，我觉得大家考虑的主要还是学困生。而且所谓的"魅力"，大多是指对学困生有吸引力、能让他们全身心投入学习、让他们切身感受到自己的进步。这些固然重要，但我认为课堂不应该仅仅如此。

如果课堂内容只能帮助学困生成长，那就等于这个课堂只焕发出了百分之五十的魅力。不管学困生多么干劲十足地投入学习，如果不能让学优生和他们一样积极地参与学习、交流、使出浑身解数去努力，这样的课堂就不能算是有魅力的课堂。但是，要做到二者兼顾可能比让学困生爱上学习的难度要大得多。

## 我们是否太过重视"学困生"而忽视了"学优生"

最近那个关西补习班宣传单的新闻，想必大家都有所耳闻吧？补习班不仅四处派发宣传单，还将它们投进了每家每户的信箱之中。虽然只有一家大报社对此进行了报道，但这并非空穴来风，而是白纸黑字确有其事。宣传单上赫然写着"请不要让孩子去学校。因为优秀的孩子在学校就像经受拷问一样煎熬"——宣传单里的确用了"拷问"这个词。为了吸引读者注意，报社不仅引用了宣传单上的原话："不仅学不到东西，还要经受老师的拷问，实在太遭罪了。反正去了也学不到东西，不如干脆请假来补习班做题"，还给新闻标了一个醒目的记号。这些派发出去的宣传单很快就传到了学校。虽然报纸上没写校方的回应，但其中提到了有教育人士对此感到遗憾。

毋庸置疑，这是一件令人闻之愤慨的荒唐之举，补习班简直就是在瞎胡闹。在读到这篇报道的时候，我简直不敢相信自己的眼睛，不禁又重读了一遍。读完后我整个人怒火中烧。但是很快，我的怒火便被一种更为悲伤、羞愧的情绪浇灭。为什么他们会说优秀的孩子是在经受拷问？一想到这些，我的心情就变得更加悲伤，更加羞愧。

在一个四十来人的班里，"读完一篇文章后，能理解文章大意、抓住中心思想、说出一些自己的看法"的孩子一般能有十个左右。如果没有，那就表示不管老师采用什么样的教学方法，这篇文章都不适合作为该班孩子现阶段学习的素材。

有些孩子无须划分段落大意就能完全理解文章内容。这些理解力强的孩子根本不需要什么阅读技巧，他们只要读一遍文章就全都明白了。在哪里分段？哪个部分与哪个部分是有关联的？中心词是什么？——像这样的阅读分析，这些孩子是没必要去做的。如果有孩子漏读或是理解出错，老师通常会对他进行这样的指导："把那一段再读一遍""把主要的、中心的词语挑出来看看""注意看一下第三段和第四段之间的连接词"等。可是在课堂上，我们不能对所有孩子说同样的话，应该根据每个孩子的实际情况做具体的指导。而那些读一遍就懂的孩子早已不需要我们的指导，他们已经可以进入下一个学习阶段，去研究他们所发现的问题。

那个补习班之所以会用"拷问"这个词，是因为老师总是会对那些读一遍就懂的孩子进行反复提问："应该在哪里分段？""为什么要这么分？""请说明理由！"又或者是会故意刁难："我认为不应该在那里分段""我觉得这一段和这一段是连在一起的，其他人怎么看？"无论学生如何作答，老师都会提出反对意见。于是，渐渐地大家就会失去耐性，懒得再去积极思考。

在课堂上，只要孩子们的回答与老师的预期不符，就会被要求说明理由。可孩子们生性就心直口快，他们不过是想到什么就说什么而已，从一开始就没有理由。所以，"为什么这么想？""理由是什么？""有什么根据？"这些问题对孩子们来说无疑就是拷问。

刚才提到的报纸上报道的问题，其实指的就是这种情况。当然，也有一些孩子是根本什么都听不懂的。这种情况我们暂且先放一边。

这样一来，学生就得花大量时间去应付那些原本无须思考，恐怕也没有正确答案，也不需要有正确答案的问题。与此同时，老师还会为难大家，比如"明明有想法却不说，这样可不行！""请用大家都能明白的方式解释你的理由"等。这些必然会招来读一遍就懂的孩子的反感。他们肯定不想在没有必要的事情上瞎费工夫，更何况被迫要对已知的东西进行思考，这本来就是一件非常麻烦的事情。

当然，孩子们并不会去想这么多。他们只会很茫然、很无聊、很不高兴而已。

这样的场景也会出现在语文课堂上，正如那个补习班所说，学优生就像在经受拷问，丝毫不会有任何进步。而我在感叹的同时，又感到无比痛心。

要如何对待学困生？这个问题基本上不会被忽略，只要是热衷于教学、愿意去学习的老师都能很好地解决它。

方法也很简单，只要耐心地、好好地去和这些孩子沟通，多下点功夫在他们身上就可以了。为了让他们能主动去读书，让他们爱上读书，我愿意去做各种尝试，也为此想到了很多方法。

而最让老师费心的就是班里那些比老师要优秀得多的学优生。他们会成为我们的学生不过只是年龄比我们小而已，如果是同龄人，恐怕他们连话都不会和我们说一句。对于这样的孩子，我们不能用"拷问"的方式去提一些拙劣的问题，而应该激发他们的优势，或者布置一些能够让他们全身心投入的学习任务，不过，这并不是一件容易的事。

从这个意义上来说，我们在说"学优生也好学困生也好"的时候，总是更偏向于"学困生"。所谓的好老师，也通常是指对"学困生"温柔和蔼的老师，因为善待学困生会让老师产生履行了教师职责的自我认同感和满足感，并沉迷其中，深信自己就是一个好老师。可是，如果没有能力去激发那些已经感到无聊，或者濒临无聊的学优生的天赋潜能，课堂就会一点点地失去它的魅力。

## 过于轻松的教师

另外，还有一篇东京这边的报道，是一篇纪实采访，采访对象是在小学进行为期一个月实习的新手老师，记者在文中是这么写的。

那是一节数学课。在做完讲解后，老师会让大家做题。这正是从我小时候一直沿用到现在的一种比较轻松的讲课模式。先按惯例做一遍讲解，目的是让大家站在同一起跑线上。可即便是在同一时间起跑，也不可能出现大家以同等速度前进的奇迹。而老师却不这么认为。他们觉得既然已经做了讲解，大家的理解程度就理应一样，只要大家认真去做，就一定能齐头并进。所以老师才会常常对学生发出像"大家开始做吧"这样的指令。

那天的情况也是如此。大概是讲解做得非常好的缘故，在老师的一声令下之后，孩子们都齐刷刷地做起题来。因为是在同一起跑线上起跑的，所以大家的差距也渐渐显现了出来，一些孩子看着题目眉头紧锁，一些孩子却依然在奋笔疾书。看到这种场景，老师走到无从下笔的孩子桌前，紧紧地守在他的身边。在很长一段时间里，教室里都是鸦雀无声的状态，只有偶尔会传来的老师亲切耐心的指导声。如此安静的课堂宛如一道靓丽的风景。

不一会儿，教室里四处响起了窸窸窣窣的说话声。"那是因为已经做完的孩子开始感到无聊，大家就会'今天要不要来玩呀？''好啊'这样你一言我一语地聊起天来"，记者在文中这样写道。此时的老师又在干什么呢？新手老师正在努力地指导着那些不会写的孩子，根本无暇顾及其他。不过好在也没有批评那些聊天的孩子。虽然没有批评，但自始至终都是无视他们的存在，一心扑在了那些不会的孩子身上。最后，下课铃响起，这堂课结束。为了指导新手老师，整堂课老教师一直都在场旁听。新手老师向老教师请教道："遇到这种情况，您说该怎么办才好？"那位老教师说："让他再做一遍就好了。"没想到这位经验丰富的老教师竟然会说出如此不负责任的话，实在是让人失望透顶！

对不会的孩子进行耐心指导是无可厚非的，可问题是这样做会剥夺那些做得好的孩子在这段时间里的成长机会。在大家聊天的时候，记者悄悄走过去看了，据说不仅全部答对，连字迹都相当工整，完成得非常棒。可那位老教师居然会说出"让他们再做一遍"这样的话，实在是太可悲了！幸好当时下课铃响了，新手老师才没有机会说出那句不负责任的话。我们能够耐心地对待学困生，对那些有潜力、可以做得更好的孩子却是半点关怀都没有。很多时候我们都不会去关注他们，这些时间对他们来说就是虚度的光阴，丝毫得不到进步。这样的课堂又何来魅力可言呢？

孩子们不会将"进步了""没有进步"之类的话挂在嘴边，但是众所周知，进步没有捷径，唯有争分夺秒地努力学习。如果老师一心扑在学困生那边，对其他学生不闻不问，这不就和没有老师是一样的吗？

我认为课堂应该要能让所有学生都感受到自己的进步，并且都能从中获得快乐。可是到目前为止，这一点似乎已经被完全忽略了。无论那些没能进步的孩子自己有没有意识到，我敢说他们的内心一定是非常不满的，至少是没有快乐可言的。因为在课堂上感受不到快乐，于是只好去课堂之外寻找存在感。

这可不是老师喜闻乐见的事。因此，老师必须具备更强的教学实力，通过更多样的教学方式，用对待学困生一样的热情去对待学优生。否则，课堂就不是一个真正的魅力课堂。

我也是最近在看到这两篇新闻报道后才想到这些的。

如果不能把学困生教好，那是老师的无能。但是我们也不能只满足于教好学困生，应该凭借自己强劲的实力和人格魅力，让成绩好的孩子也从中得到满足。

我们务必要让所有学生都体会到学习的快乐，也就是进步带来的喜悦和感动。

# 如何更好地开展单元学习

## 一种充分提升自我的学习方式

此刻我想到的是单元学习。单元学习就是为了同时满足二者的需求应运而生的，同时它也的确能达成这个目的。我们的任务不是光提高学困生的成绩，而是要让学优生和学困生都越来越好。

与"同学们面朝同一个方向端坐在课桌前，听老师提问，然后思考、回答、确认正确答案、接着进入下一环节"的课堂相比，单元学习的确看起来有些杂乱。但是这并不是乱，而是丰富。这种方式更有利于激发每个人的优势和潜能，从个体学习的角度来看，它一点都不乱。

对所有人用同样的教材、同样的方法，这才是最糟糕的做法。即使是站在同一起跑线上，用的是同样的教材、同样的方法，大家也不可能齐头并进，这一点是毋庸置疑的。于是，这就最容易让学生产生自卑感或优越感，而自卑感或优越感的存在又会妨碍他们对自身进步的判断，从而无法获得真正的成长带来的喜悦。

要想找到适合每个人的学习方式，就必须用到各种各样的教材。但是这并不表示教材越多效果就越好。单元学习并不是为了使用各种各样的教材而存在的，它是老师根据孩子们的实际情况，与孩子们一起探索出来的。

乍一看，教材的种类越多，似乎的确能为孩子提供更多的选择。但多并不代表有用。即便只有一套教材，也同样可以开展各种各样的教学活动。认为单元学习必须要有足够多教材的想法是错误的。从结果来说，很多的单元学习，甚至可以说是绝大多数的单元学习的确会用到很多资料，可即便只有一种资料，只要采取不同的教学方法也是可以进行单元学习的。下面我来举个例子。

这是一本名为《树之歌》的无字绘本。我以前拿它做过教材，并且当时就只有这一本教材。虽然只有一本，但它的用途却非常广。

这本书描绘的是一棵树的四季变化，是同一棵树从一个冬天到下一个冬天的变化。第一页的地面上有厚厚的积雪，树枝上却没有。这本书一般书店都有卖，大家不妨买来看看。书里的这棵树会随着季节的更替而不断发生变化。它的每一页里画的都是树的同一个角度。就连小草的位置都是一致的。随着时间的推移，万物迅速生长。等到树枝变得繁茂，松鼠便会从洞穴里钻出来，跳到约有半棵树高的树枝上去。这时鸟儿也飞了过来，在上面筑巢、孵蛋。在这一页里，破壳而出的雏鸟正张开嘴嗷嗷待哺。这些细微的变化都被画进了一页页的画里。不久，秋天到了。树上结出了果实。松鼠在吃着果子。这时鸟儿已经在做离巢的准备。而松鼠也已经开始挖洞准备过冬。之后，鸟儿飞走了。小草也枯萎了。然后，又回到了之前那片白雪皑皑的冬日场景。

这本书不是日本人的作品，而是出自一位名叫艾拉·马俐的意大利作家之手。虽然这本书的名字叫《树之歌》，但里面可以写的素材却是多种多样的。

我们可以从其中的任意一页里选取题材。

比如，如题目所示，我们首先可以写这棵树，也可以写看树的人。

树下还有一大片草地，其中有一些草是可以叫出名字的，而其他则是一大片生机勃勃的无名小草。我们可以去描写那一株坚韧挺拔的小草，那三株并排生长的小草，那一片覆盖在地表的草丛，那片草丛里的某一片叶子，或者是最先发芽，也最先枯萎的那两三株小草。这些都是非常有趣的题材。

另外，绘本里的每一株小草都各有特点。我们可以写那株远离草丛的"不合群"的小草，那也会很有意思。你们看，无论这株小草长得有多高，它都不可能长成参天大树。

接着我们再来看树，无论是那根生命力旺盛的树枝，还是那根眼看就快要折断的树枝，都是值得一写的好题材。如果写小鸟筑巢的那根树枝就更有意思了。

我们还可以写小鸟，写树叶。只要仔细观察便会发现，绘本里那片在春天萌芽的叶子，到了秋天，它仍然是在同一个位置上枯萎。

而松鼠们的故事就更有趣了。从开春出洞到挖洞过冬，它们在这里度过了最长的时光。

我们还可以想象草丛里各种各样的昆虫，虽然绘本里没有它们的身影，但它们却一直生活在草丛之中，从一个冬天到下一个冬天。这些看不见的小生物同样也是非常不错的题材。

另外，还有大树枝头上的那些叶子，我的学生中甚至还有人写了灌木丛里的叶子。

仅用这一册绘本，就能设计出各种各样的教学活动。无论是基础差的孩子，还是特别优秀的孩子，都能从中找到发挥的空间。只要他们想，就可以在活动中将自己的潜能尽情地发挥出来，这样也就没有拷问一说了。

我们也可以单独挑出绘本中的某一页，去写里面的树、草、鸟、虫。不必非得从一个冬天写到下一个冬天，把每一页的内容全都写出来。

之后，大家可以聚在一起，各自发表，互相品评。这是每个孩子都能做到的。这个活动对写作的范围没有要求，没有人会因为只写了其中一页而低人一等，同样也不会有人因为写了一整本就高人一等。

如此一来，同学之间就不会因为彼此间的比较而生出歧视，也不会为比较的结果而或喜或悲，他们会积极参与到课堂中来，这样不仅能最大程度地提升他们的能力，也能让课堂变得更加生动有趣。

所以说，即便只有一种教材，也完全可以让孩子们同时取得进步，让他们充分发挥出各自的潜能。

可能有人会说："这不是单元学习，因为它的活动宗旨并不是为了弄清楚某个问题。"也许是吧。但我认为，我们不应该被"单元学习"这个名字束缚住，不必去研究"单元学习"是什么，然后完全在"单元学习"的框架下中规中矩地开展教学活动，只要能让每个孩子的能力得到充分的提升，能让他们进步，是不是单元学习又有什么关系呢？

不过，这也算是一个例外。在单元学习中，不可避免地会借助各种书籍和材料来开展各种教学活动。因为当老师看到了每个孩子的不同，就会想要为他们找到各自适合的学习方法，让他们各自获得成长，那么自然就会变成这样。

## 忽视结果的好坏，感知进步的喜悦

昭和五十四年（1979年）是我执教的最后一年。那一年正好是国际儿童年。也就是说，期盼已久的国际儿童年成了我最后的教学任务之一。于是我做了一次名为"了解全世界的孩子"的单元学习活动。

战后，我怀着为建设新日本做贡献的抱负来到中学后，"一定不能让孩子们和我的努力白费"这个想法一直萦绕在我的心头。

我一直认为和平应该是建立在相互了解的基础上的。只有培好"彼此了解"的土,"和平"的种子才能生根发芽。并且等到了一定的年纪,无论孩子们愿意与否,他们都是必须携手共同面对生活的。因此,我也是打心底里希望孩子们彼此能多一些了解。

相较于目的而言,我所做的事情实在是微不足道。可无论多么微不足道,那都是一个中学教师所能做到的和平运动。

国际儿童年如期而至。果不其然,与之相关的资料也是层出不穷。新年伊始,关于儿童年的报道,关于世界各地的儿童生活的报道在各家报纸杂志上随处可见。与此同时,还举办了主题展会,并制作了各种资料。相关资料真的有好多,种类也是五花八门,从新闻报道,到宣传册,到书籍,各式各样。这一年还举办了许多介绍各国小朋友生活的活动,这让我们有了大量的阅读素材。其中既有简单易读的,也有稍有些难度的。

当时可用于单元学习的资料真是取之不尽,用之不竭,孩子们是不可能将它们全部读完的,因为我们根本没有那么多时间开展单元学习。对于还有很多功课要学的孩子们来说,要将所有资料全部读完简直就是天方夜谭。不过,让孩子们站在一条无论多么努力都走不到尽头的路上,这正是我希望看到的。

于是我列了一个清单,每读完一篇就画一个圈。有一个非常刻苦的学生立志要将清单内容全部读完。虽然我心里明白他肯定读不完,但还

是会鼓励他尽全力去读。因为我知道，人只有在这种情形下才会全力
以赴。

单元学习有一个优点，那就是即使有学生因为生病或其他原因只读
了一本书，他也可以参加最后的演讲和讨论。因为即使是只读了一本书
的孩子，他也会有自己的想法，于是他就可以带着自己的观点去参加演
讲和讨论。

而一个读了几十本书的孩子，他所掌握的信息量当然要多得多，也
就可以从不同的角度进行演讲或讨论。但是，因为每个人表达的内容、
讨论的话题各不相同，所以读书读得多的人不一定就会表现得更出众。

因此，我觉得这是一种非常有趣、非常好的学习方式。

当有足够多的文章类型和阅读方法可以选择的时候，大家自然就会
根据文章类型选择不同的方法来阅读。比如有些文章只要逐段读下去，
就能很快理解其内容，有些则是只要找出中心词句就能抓住文章大意。
于是在阅读过程中，大家就会用之前学过，或是接下来要学的阅读技巧
进行阅读。所以说我觉得这是一个非常好的题材。

演讲一共办了六场。我并没有让大家逐个上台去介绍某个国家的小
朋友，而是选择了用话剧、访谈、日记等形式让大家去做演讲。每个孩
子的共同之处是他们都为演讲拼尽了自己的全力，不同的是他们每个人
的阅读量是不一样的。

大家在课堂上根本没时间将自己与别人做比较。那种让人产生自卑
感或优越感，把课堂演化为战场的氛围，不仅对学生的能力提高毫无助

益，更谈不上"课堂魅力"，这正是老师失职的一种表现。

有潜力的学生没有全力以赴是课堂无聊的一种反映。

能力欠佳的学生开始在意自己的失败，这也是老师的失职。

人在忘我地投入一件自己喜欢的事情时，是没有心思和别人做比较的。这应该就是所谓的"紧张"吧。进入这种状态的孩子根本没工夫和别人攀比，因为他们已经有足够的能力去做自我提升，并且也都着迷于其中。

这样的单元学习才是真正的单元学习，才能达到单元学习的目的。它与从始至终只用一种教材讲课的效果是截然不同的，它会给大家带来适度的紧张感。而这个过程中的相互帮助、彼此鼓舞、自我反省，这些都是好学之人所喜欢的学习状态。

## 老师应该做好充足的准备

刚才的《树之歌》也是如此，我们在进行单元学习时，往往会把一切都交给孩子去处理。我们当然应该把主动权交给孩子，要让他们有自主思考的意识，但是这并不意味着老师可以袖手旁观。

这里存在一个认识误区，在孩子们自主学习的时候，老师认为只要给出了指示就可以袖手旁观，其实不然。如果只是追随孩子们的脚步，或者只是袖手旁观，那么老师的指导也等于是中断了。老师可能会给学生各种表扬，比如"完成得非常好！""你对这个问题进行了认真深入的思考！"等。可是这样的表扬和鼓励不仅不能进一步激发起孩子们的斗志，让他们再接再厉，更上一层楼，反而会消耗老师过多的精力，这是单元学习最危险的地方。

要开展单元学习，只做一般的教材研究是不够的。在这种情况下，首先应该把所有的关联书籍通读一遍。这样就能形成一个整体印象。同时，在读的过程中，我们也能对与这些读物相关的教学活动和最终的教学目标做出预案。我们应该做好万全的准备，当孩子们在课堂上脑子一片空白时，要能马上给予他们适当的提示。如果没有做好充足准备，就不能开展单元学习。

老师该做的并不是将自己的思想原封不动地灌输给学生，而是要在对方需要的时候能够及时给予支持。只有做好充足的准备，才有能力去指导学生如何审题立意，行文构思。给正在为写作发愁、不知如何下笔的孩子一些提示，这才是他们真正需要的帮助。

如果在通读资料时，不能给每一个孩子想一个合适的作文题目，那么孩子们便会在选择主题或决定体裁时犹豫不决，于是就很难全力以赴地去参与这件事。孩子在这一点上是有别于大人的。

他们会为不知如何做决定而痛苦，会为自己的力不从心而感到挫败。在这种时候，如果老师不能不动声色地对他们伸出援手，比如给一个好的活动建议，一篇好的文章，抑或是一个好的开头等，那就是老师的失职。

给孩子们大量的阅读选择，让他们朝着各自的目标开展自主学习，这个过程对孩子们来说无疑是快乐的、享受的。但整个学习过程不可能只有快乐，一定也会遭遇挫折。挫折是在所难免的，如果老师不能在孩子们遭遇挫折时采取恰当的应对措施，那就太可惜了。而所谓的采取措施，首先是要及时发现阅读材料中存在的问题，千万不能把问题归咎到孩子身上。因为一旦把问题归咎到孩子身上，就很难对阅读材料的价值做出客观评价。最终就会造成资料虽然有趣，但却不知如何使用的结果。

翻阅大量的资料虽然会让大家获得很多信息，却同时也有让人像一只无头苍蝇一样不知所措的危险。因为一旦我们在材料选择上出了错，就无法让孩子们在关键时刻使上劲儿，无法让他们获得进步。

做选择很容易。只是在做选择的时候，一定要充分理解孩子追求完美的心情，并且要明白"一定要在此基础上通过提示、帮助、建议等方式助他们一臂之力，否则他们就不可能交出完美的答卷。那么，即便开展了单元学习，也提高不了他们的能力"。这样的单元学习快乐归快乐，但却也特别糟糕，因为它对孩子们是毫无助益的。

我经常收到诸如"做这样的单元学习能通过升学考试吗？"之类的问题。区区一个升学考试算什么，单元学习的目标可是为了培养学生超强的语文能力。采用单元学习既不是我个人的兴趣爱好，也不是为了取悦学生，仅仅只是因为它是培养卓越语言能力的唯一方法而已。如果只是跟着教科书按部就班地学，那肯定是不够的。

可是，即便学生们在单元学习的各种活动中学得很开心，也不代表这样就能高枕无忧。因为活动内容可能对有些孩子来说根本就是小菜一碟。能力出众的孩子即使不做任何努力也能轻松搞定。如果老师不能及时注意到，并积极引导这些孩子去挑战自我，突破自我，那么这样的单元学习就是没有灵魂的。如果学生只是凭借现有的能力快乐地参与一下，那是根本学不到东西的。

## 带领大家全力以赴

总之，一个不能让学生能力得到阶段性提高的课堂，就不配被称为课堂。课堂有别于任何生活场所。能让人快乐的场所有很多，但只有能够不断提高学习能力、专门以提高学习能力为目标的地方才是课堂。无论给孩子们带来了多少快乐，只要做不到这一点，那就不是课堂。人只有在备受煎熬却依然全力以赴地挑战自己极限的时候，能力才会得到提高。

让能力稍差一点的孩子进入这种状态并不难，但要想让能力强的孩子也这样，那就相当考验老师的功力了。如果课堂内容不具备远超孩子能力的丰富性、广度和高度，那就很难让他们融入其中。

我们大人要想提高自身能力，也唯有全力以赴。当然也有失败的时候。当能力到了极限，失败也是在所难免的。但以我自己的经验来说，只要全力以赴，总能有新的收获。

很多时候，人必须逼自己一把才行，孩子也是如此。单元学习并不是每天都嘻嘻哈哈。不要只想着让孩子们高兴，而应该让他们具备足以应对挑战的能力，以及哭着也要完成任务的毅力——优秀的人不会因为不好玩就不去做，因为他们知道快乐与痛苦是相伴相随的。

当然，乏味无趣的事物不仅无法引起孩子们的兴趣，也不会给他们留下任何记忆。也就是说，他们是无法从中学到东西的。当情绪处于无聊低落的状态时，人的大脑是不会去思考和记忆的，所以，我们的确应该重视课堂的趣味性，但不能沉迷其中。

失败的单元学习与老师没能准确把握孩子的真实状态有密切关系。他们满足于孩子们乐在其中的表象，于是会不假思索地去帮助大家。不要让孩子们一直停在舒适区，要当机立断地对他们说出："好，那接下来……"——措辞可以更委婉一点——引导他们进入下一个阶段。我认为这才是课堂的魅力所在。

孩子们对待学习的态度大抵就是弄懂就好。他们不知道的是，只要稍作尝试，就能为自己打开一扇进入新世界的大门。而课堂正是这样一个引领孩子走向新世界的地方。否则，单元学习就纯粹只是一种快乐的学习形式而已。

但是，如何让本就和谐有趣的课堂在趣味性上得到进一步的提升？这比单纯让课堂有趣更难，更考验老师的能力。其实，即便老师不去费那些心思，孩子们也会"很开心"。也就是说，只要让手捧教科书按部就班学习的孩子偶尔参加一次单元学习，他们肯定会异口同声地表示"很有趣"或者"还想参加"。他们会有这样的想法很可能是源自新鲜感。而我们也难去分辨他们的开心究竟是因为新鲜感，还是因为自己的进步。

如何让每一个孩子抛开优劣之别，带领大家进入另一个没有优劣之分的世界，让他们认识到自己的成长，并感受到成长的喜悦？简单说来，靠的就是单元学习的广度和自由度。

当然，单元学习也收到了很多意见。大家对单元学习存有颇多顾虑，比如无法提高学习能力，无法写好文章，写不出文章，写错字等。

导致这些情况的原因之一，是老师过于注重内容的趣味性，而忘了确认这样做究竟能培养怎样的学习能力。那么，为什么会出现这种情况呢？我想应该是老师早已满足于孩子们快乐学习的氛围的缘故。

因为我们真的非常希望看到孩子们开心学习的样子。所以，当看到他们学得很开心的时候，我们首先会呆住，然后整个人会松懈下来，于是也就失去了引导孩子的力气，或者根本就不具备进一步引导的能力。我认为能力的欠缺是一个很大的因素。我们能够用各种教学方法和足够的耐心去对待学习比较差的孩子。但是，要应对能力强、成长快的孩子可不是一件容易的事。在我看来，大家对单元学习的指责主要是针对老师的实力不足，而不是针对单元学习本身。

我再重申一遍，如果老师只关注学习差的孩子，就会让学习好的孩子得不到进步。在真心推荐单元学习的同时，也希望各位一定要时刻警惕这一点，否则，当看到学习好的学生得不到进步时，你会充满遗憾和困惑，然后把一切归咎在单元学习上。

## 极具魅力的学习时刻

我很喜欢"词语比较"这个单元学习。1978年，也就是昭和五十三年的夏天，东京隅田川的大型烟火大会重新开放。虽然早已不是那个不适合举办烟花大会的战后时代，但为了避免交通混乱，烟火大会也就一直没能举办。而那一年烟火大会终于又重开了，这真是一件非常难得的事，也给东京人民带来了巨大的喜悦。各大报纸刊登了大量与之相关的报道和照片。烟花大会的报道几乎登遍了所有报纸，甚至出现了用三个版面进行报道的盛况。往年的烟火大会哪有这么隆重，最多不过是刊登一张小照片，有时候连一张照片都没有。所以说，并不是随便哪一年的报道都能用来做单元学习的，那一年的资料实在是太珍贵了。

那一年真是非常幸运的一年。我从四家报纸上摘录了关于那次烟火大会的报道。之所以找四家，一是担心如果多于四家，会给孩子们带来很大的负担；二是综合考虑了孩子们能花在这上面的时间。报道并不是越多越好，要根据学生的具体情况来定。如果信息量太大，会超出孩子们的承受能力，导致他们分心，以至于眼睛和大脑都来不及去处理这些信息。所以一定要把握好这个度。

各大报纸对那天晚上的隅田川烟火大会进行了极其精彩的报道。而我并没有让大家去比较这些报道的好坏，而是让他们去比较各种表达方式和表现手法。比如，有的报纸将当晚的天空比作"画卷"，有的报纸则称之为"全景图"。"画卷"和"全景图"对孩子们来说都很陌生，如果不去查证，就很难理解它们的意思，可一旦理解了，就会不禁感叹记者用词之精准、有趣。接着孩子们就会使尽浑身解数，用自己的语言去描述各种表达方式之间的不同，记者看待问题的角度，以及文章所描写的内容。

像这样，去体会各种表达方式间的不同，并试着用自己的语言去说出这些不同，这是一种非常好的学习语言的方法，只是适用于这种方法的素材实在是太少了。

一说到找素材，大家的第一反应通常是从文学作品中找，这听起来似乎也的确可行，但实际上我们很难找到描写同样情景、同样心情的作品。而且文学作品对学生来说难度又实在太大。若是情感类的文学作品，那么在仔细思考的过程中，自然会讨论到诸如"这是在什么情境下的心情"之类的问题。于是在大家的踊跃发言中，又难免会因为谁的一句无心之言而伤害到其他孩子。

相比之下，烟火大会就很安全。在讨论这个题材时，每个人的心里都会升起绚烂的烟火。无论提出怎样的问题，映照在大家心里的都是一片美丽的烟火夜空。那是一段为美丽的光线和色彩寻找合适表达的时光。

这些素材不仅会让人忽略掉所谓的优劣，还会激发出大家用自己的语言去尽情阐述的热情。这样一来，也就没有工夫去和别人做比较，从而度过一段充满魅力的时光。

无论是学优生还是学困生，他们每个人都能想出许多与表达方式相关的问题。之后他们会从各种角度、用各种方式去表达和解释。不过，大家想到的可远不止这些，他们心里其实还有更多的表达方式。在这个过程中，大家的语感会进一步得到提高，这是一种非常好的学习方式。

与之类似的有趣报道也不是没有，像前几天那个斑嘴鸭母子的新闻，尽管各大报纸都进行了报道，但千篇一律的内容，如法炮制的写法，根本就不适合用来做学习的素材。虽然我们也可以让孩子们去找它们的共同之处，可过于单调的词句又怎么能满足孩子们丰富的内心需求呢？比如，在描写斑嘴鸭走路时，四大报纸的措辞都是"咚咚咚地走"。

在去年（1986年）秋天举办的"大村滨语文教室"的定期发表会上，我发表了以"去邻国找朋友"为题的单元学习计划。因为是去年刚定下的计划，所以目前还没来得及和孩子们进行任何活动。但我相信这将是一个非常好的单元学习，好期待能和孩子们一起开展起来！

可用于该单元学习的素材也是很丰富的。如果在各种种类及难度的阅读材料的基础上，去做一本杂志书，那就可以想写什么就写什么，不受文章体裁的限制。其中既可以有难度比较大的，也可以有不太需要花功夫的——这么说似乎有点奇怪——也就是写起来比较轻松的。虽然篇幅短的不一定写起来轻松，但有一些对孩子们来说的确会比较容易写。因为可写的素材很多，所以孩子们可以充满自信地从中选择一个参与，并且也为有能力的孩子提供了充分发挥的空间。

就算最后是开展讨论，也有很多可供讨论的话题，简单的，难的，什么样的都有。大家不必在意自己在每一次讨论中的表现，只要全力以赴地参与，就能从中收获自信。

像这样，让孩子们在课堂中将自己的学习能力发挥到极致，然后老师再进一步加以引导，这样就能让孩子们获得更多提升自我的机会。

至于要如何引导，像这种素材丰富、课堂形式多元的情况，老师还是比较容易操作的。相比之下，前面的《树之歌》要更难一些。如果素材丰富，那就只要引导孩子们从各种角度，通过各种方式去用这些素材就可以了。如果收集不到太多素材，那就只能像《树之歌》那样去做。等你通过多年的积累，收集到更多的素材，尤其是和孩子们一起收集到的素材，那操作起来就容易得多了。

今年出版的有关韩国这个热点话题的书比去年要多得多。这个话题去年的时候还只是刚被提起，不过那时出书也不算少。如果我们来做一本杂志书，学生能写的范围就非常广了。同时，从深度上来说也是可以各有不同的。这样就能让大家充分发挥出自己的能力。

在演讲的最后，我还要给各位打一个预防针——"在推进学习的过程中，也很有可能不会产生魅力"。

# 防止错误的表达和行为

## 让课堂魅力尽失的发言

如果像刚才那则新闻中的老师那样，只是在进行了简单说明后就让大家"试试看"，这样的讲课方式是毫无魅力可言的。

我们在课堂上并不是只要对学生下过指令便可万事大吉。课堂应该是一个让孩子们想要自主学习的地方。不要在课堂上命令大家"再好好读读""再读仔细一点"，而是应该想办法让他们在需要精读的地方，主动去认真地读，要让他们在课堂上自主完成精读，也就是说，老师应该在课堂上督促学生把该学的学完。

在我看来，"试试看！""做好了吗？"这些都是课堂禁语。如果不能在课堂上督促孩子把该做的事情做完，那就是老师的失职，老师也就失去了他的存在价值。很多老师似乎就只会说"要这样这样做！""你先做做看""做好了吗？""那样可不行！"这样的话。

这些话谁都会说。如果老师的工作这么简单，这么轻松，那可就糟糕了。如果不去督促孩子，让他们在课堂上懂得区分精读和泛读，并当场掌握精读的方法，只是一味地对孩子说"试试看"，那老师这份工作未免也太安逸了。

## 开展有魅力的课堂讨论

还有一点也是非常有损课堂魅力的。那就是老师会对在讨论中没有发言的同学提出批评。在一般的班级讨论会上，全班同学不可能每个人都有发言的机会。老师首先就不应该抱有这种期待。因为时间根本不够。四十个孩子，哪怕每个人只说一句话，你们算算得需要多少时间？然而，我们常常会忽略这一点，说出"有同学没有发言啊"这种招人反感的话，这句话一说出口，课堂上仅有的那一点魅力也荡然无存。

如果学生发言不积极，很多孩子无话可说，也没有表达的意愿，课堂气氛非常沉闷，那不是学生的错，是老师事前指导的失败。是老师没能让每个人有话要说。或者是老师从一开始就没有为讨论预留出准备的时间。

一场精彩的讨论，首先要有充分的事前指导，要让学生有很多想要表达的内容以及强烈的表达意愿，然后，要让他们在老师不动声色的引导下踊跃发言。总之，学生要有表达的意愿和表达的内容才能参加讨论。

如果一开始就无话可说，那么无论怎么让大家打起精神也无济于事。有些孩子明明没什么要说的，老师却要求他们参与讨论，这不是很奇怪吗？让没有想法的人聚在一起能讨论些什么呢？沉默是理所当然的，并且他们的内心是相当痛苦的，就像在经受拷问一样。因此，必须为讨论预留出准备时间，即使讨论到达不了精彩的程度，也要为了让讨论能顺利进行，让每个人准备足够多的可用于讨论的内容，把各种各样的想法播撒在大家的心里。

如果老师自己没有各种各样的想法，那么讨论就无从开展。也就是说，如果没有与众不同的想法、别具一格的方案，就不要开展讨论。因为如果老师的指导不到位，孩子是不可能说出具有倾听价值的内容的，虽然很遗憾，但也无可奈何。讨论无法开展完全是老师的失职和无能。在我看来，课堂讨论就应该像这样严肃对待。

一个无话可说的人坐在讨论席上是学不到任何东西的。因为从始至终他都在担心自己是否会被叫到，都一直处于提心吊胆的状态，所以就什么都学不到。至于提高学习能力什么的就更是无稽之谈。换做其他场合，即使自己没有想法，也可以听听别人的意见，在这个过程中自己也能得到进步。但课堂讨论则不然，课堂讨论时发言的机会是非常难得的，每次只有一半人能发言就是这个原因。所以，如果不能让大家为此做好充足的准备，课堂就会失去它的魅力。

## 这些话请不要说

下面是一些我希望大家不要说，但却经常被大家挂在嘴边的话。

第一句是"只要你懂了就一定能说出来"。这或许是一句鼓励的话，但事实却并非如此，请大家千万不要说这句话。"懂了"和"能说出来"完全是两种截然不同的能力。我自己也并不能把所有知道的事都说出来。因此，如果不把这句"只要你懂了就一定能说出来"收起来，就不可能呈现出精彩的课堂。

另外，"只要努力，没有什么是做不到的"，这应该也是一句鼓励的话。不仅是语文老师，所有科目的老师都会说这句话，但事实并非如此。很多事情并不是努力就能做到的。这种说法是对人和人生的误解，或者说，是没有看清人和人生的真相，对它们的理解过于肤浅。这句话一出，立刻就会让学生齐聚一堂的课堂魅力尽失，也会让单元学习的优点荡然无存。殊不知小小的一句话，伤害却很大。

还有就是一定不要让学生当众出丑。有人说羞耻感会激起人的斗志，这对有些人可能是有用的，不，应该是确实有用。但一般人可不吃这一套。如果是小狮子，就算掉进深谷也能自己爬上来，但如果不是，那么掉入深谷就只有死路一条。

常言道"吃得苦中苦，方为人上人"，但是，与"吃得苦中苦，方为人上人"相比，被超负荷的学习压力压垮的孩子要多得多。不仅是单元学习，要想让课堂充满魅力，我们至少应该带着关怀和疼爱，悉心呵护这群努力但又尚且稚嫩的孩子。只有做好这一点，才能避免产生对人的不理解和误解。

## 为什么一个教材不能反复使用

中学生似乎总会闯下一些令人讨厌、落人口舌的祸。他们的名声特别不好。每当看到或听到这样的报道，我就会特别难过，我认为这正是课堂缺乏魅力所导致的！如果我们有充满魅力的课堂，有足够吸引人的内容，学生也不至于违反规定去做那些不好的事情。

请各位一定要让课堂充满魅力，要让每一个孩子，无论成绩好坏，都能切实地感受到自己的进步，并在不经意间成长为自己所期待的样子。如果必须挺胸收腹，就要让学生们在课堂上养成挺胸收腹的习惯，这就是课堂魅力。这种肉眼可见的进步，以及孩子们的切身感受，都是课堂的魅力所在。

以语文这门学科为例，说到能释放出这种魅力的语文教学方式，还属单元学习，除此之外别无他法。说"别无他法"似乎不太妥当，但我的确认为只有单元学习才能让课堂释放出魅力。

但是我并没有说不能用教科书。课堂上任何东西都是可以用的，包括教科书在内。

我有一个习惯，就是不会反复使用同样的教材。并不是说教材不能反复使用，只是我不想，所以才不用而已。面对初次使用的教材，我会在备课的时候事先朗读一遍，为了能随时满足所有学生的需求，我会在心里备好各种方案，只有这样我才能安心地走进教室上课。在走进教室的时候，我的内心充满了喜悦，虽然"喜悦"这个词略显夸张，但我的内心真的是欢欣雀跃的。一旦感受过这种欢欣雀跃，我便知道同样的教材是无法给自己带来这种感受的。也许很多人可以，但我却做不到。一旦体会过那种喜悦，就无法再忍受重复的乏味。

更何况，我们能收到良好的课堂效果的次数也是屈指可数的。那几个被我视为看家宝的单元学习，我是无论如何都不舍得再用一遍的。我认为如果不能再现第一次时的盛况，那就是一种浪费。因为如果第二次进展得不顺利，那些美好的回忆就会毁于一旦。它们于我而言就是珍宝一般的存在，我会一直珍藏它们，不舍得有丝毫的浪费。基于这些考虑，我决定已用过的教材不会再用第二遍。

我并不是看轻教科书，正如我刚才所说，我们必须因材施教，光有教科书是不够的。因为不够，所以才会不断地加入其他素材，于是在不知不觉中，添加的素材越来越多，教科书的分量就变小了。但是，我并没有完全舍弃教科书，而是会以一种不同的方式，一年带着大家读3遍教科书。

当听到有人完全弃用教科书时，我觉得非常遗憾。而更令人遗憾的是，竟然会有人认为单元学习的教材必须另做准备，否则就不叫单元学习。教科书也是教材之一。如果能在用好它的基础上再加入其他的教材，那么我们就能在教材上有更多的选择，就可以根据每堂课的情况来决定要不要用教材，让教材选择变得更加灵活。

不要一开始就否定教科书，也不要等收集到大量素材后再跨出单元学习的第一步。我们应该在定好教学目标，也就是定好想让孩子们掌握的能力后，对他们进行重新审视，然后虚心地去收集素材，最终自然而然地就能进行单元学习。单元学习并不是必须要有大量教科书以外的素材。

希望大家能明白，只要是从孩子的角度出发，为了培养孩子的能力，为了让每个孩子都能在课堂上感受到自己的进步而全力以赴，课堂自然就会充满魅力。

让课堂充满魅力的方法不胜枚举，希望大家都能让自己的课堂焕发出魅力。愿各位呈现出来的是一个无所谓好坏，但充满无限魅力的课堂。

我的演讲到此结束。非常感谢。①

① 出自大村滨老师在第七十一届全国大学语文教育会（日本）上的演讲讲稿。（大分文化馆，1986年10月）

# 珍惜当下，不忘初心

# 换位思考

常会听到这样的感慨："要是年轻的时候能那么做就好了。"让人后悔的事有很多，但我想说的并不是这些，而是想给大家介绍一些让你以后不会后悔，且现在马上就能做的事情。

不知为何，年轻时的我很讨厌用命令的口吻去改作文——所谓的改作文不一定是真的"改"，以前大家将做批注、写评语等都统称为改作文。我觉得就算对学生说"这部分写得不好"也无济于事。那时我才刚当上老师不久，什么也没学，什么都不会，单纯只是觉得写了这句评语也没有用。

检查学生作文的时候，如果觉得"应该在那里加上笔者的心情描写"，请不要对学生说："要试着把你的内心活动写出来"，而应该把自己写好的东西拿给学生看。

学生交上来的作文是他们认认真真、竭尽全力写出来的。如果收到的是"写得很不好"这样的评价，这会让他们非常失落。我从来不会评点学生哪里写得不好，而是会先将文章中存在的不足找出来，设身处地地揣摩学生的心境，然后替他们把不足的地方补上。你可能会反对我的这种做法，不赞成老师替学生写作文。其实不然。因为当学生读到我补写的部分时，会产生一种"那就是自己写的"的错觉。同时，还会产生"是的，我想写的就是这个"的共鸣。日积月累，慢慢地学生的写作水平自然就提高了。他们正是在老师写的那一小段文章的熏陶下成长起来的。

这是我最近才想通的，以前的我其实什么都不懂，只是心里想写就去写了。虽然这种做法我很推荐，但并不是让大家都如法炮制。在做之前我要先给大家打一个预防针。我当时负责一百五十个学生，并且每周都有作文课。因为课程表上明明白白写着"作文"二字，所以也不能像现在的老师那样偷懒不上。由于工作强度实在太大，我根本没办法写出满意的内容，最后只好以一句"写得好"敷衍了事，否则时间就来不及了。眼瞅着天马上就要大亮，而今天的作文课又不能不上。没办法，只好在作文下面批注一句"写得好"或者"请再想想"。总之，当时我真的是写得非常痛苦。

但是偶尔也会写出自己满意的东西。每当这个时候，我就会特别开心，毕竟那时候年轻嘛。我会把那段文字完完整整地抄下来，而且是用红笔抄写，然后自己保管。遇到写得很好的作文，我便会对这个学生说："请把作文誊写一遍，然后交给老师。"他会很得意地接过稿纸，然后很认真地誊写一遍。反之，由于我不敢对学生说"你这个写得不好，我把我的想法写在这边了，你照着再写一遍吧"这样的话，于是就只好自己写了。

# 学会记录

那时候的我似乎很闲，直到现在手边还留有一百多页当时手抄的学生作文，并且上面还附有自认为写得很好的评语。记录下自己工作中做得好的地方，也就是进展顺利的地方，这难道不是对工作的热爱吗？这就是对工作的热爱。这样做会让工作变得可爱，更重要的是能提升自己的工作能力。某次顺利的互动，精彩的发言，厉害的指导——这样的经历，我想大家在课堂上应该都有过吧？请把它们快速记下，并珍藏起来。日后它们一定会成为你意想不到的养分。

现在看来，我那时的字真是好丑好幼稚，但又写得特别认真。换作现在，就算别人拜托我，我也不会去把给学生的评语一一抄下来。有了复印机后，也就不存在抄写这个问题了，但那时毕竟是没有复印机的时代。

也许是出于对工作的热爱吧，写下这些会让我无比高兴。现在拿来读一读，也依然会让自己受益匪浅。我会高兴地发现——原来对那时的自己而言，这样的文章算是好文章。珍惜自己的工作，带着对工作的热爱，用短暂的空闲时间去做记录。记录是一种随心而为的自然之举，只是为了自己，而不是为了演讲等其他目的。我当时就是一个什么都没想，什么都不知道的年轻老师。我只是因为事情进展得很顺利，很为自己开心而做下记录而已。

# 向前辈取经

到东京府立第八高中（现在的都立八潮高中）任教后，我抄下了大约三百首类似的短歌。当时第八高中规定三年级的作文课必须写短歌。和在诹访时一样，我在改短歌的时候，也会用红笔抄写下短歌。然后带着这些抄本去拜访我的前辈五味保义老师——一位阿罗罗木派歌人，在我任职之后，他也时常来文艺部指导大家。每次去拜访的时候，我都会带上自己已经改好的抄本——当然我带的都是自认为改得不错的得意之作。因为我早已给老师预留了写评语的地方，所以老师都会直接在我的评语后加写上自己的评语。老师的评语非常有意思，偶尔他会写"这部分不错"，但有时候也会写"原作更妥当"。我就这样十分积极地去获得老师对我评语的评价。这是一件很有趣的事。这个过程让我像孩子一样快乐。

# 重视教学日志

接下来要说的是昭和十七年（1942年）的事。这份笔记是从1月9日开始记的，它不是教案，而是"研究课的备课日志"。上面写着"一年级作文"，并且每天都写。因为日期写的是1月9日，所以8日应该是开学典礼。学校9日开始上的课，老师好像在那天还开了个会，会上决定要开设一堂研究课，负责人是"大村老师"。

那天写着"1月9日，在语文课会议上定下了一年级的作文课内容"，后面还写了我的一些感想，以及课堂教学结束环节的教学设计，也就是说，上面很认真地写着研究课的教学流程。

开头写的是"早上好"，整个记录就像录音机一样写实。接下来记录的是上课后课堂上的情形。从那之后，我每天都会先写上日期，然后再写下当天的课堂记录。最有意思的是，上完研究课后，听课老师都会给我宝贵的评语，在听完老师们的评价后，我会向大家致谢。而这部分已经从我的著作集（《大村滨语文教室》15卷别卷一，筑摩书房出版）里删除的谢词，竟然出现在了这本笔记上，里面写着"今天……非常感谢大家百忙之中来听我这节存在诸多问题的课"，之后还原话记录了我当时上课的心情。

之后我写的是题材指导。从这个时候起我开始思考"为什么有好的题材就能写出好的作品"这个问题。日志上我用的全是口语，写的是给什么样的人什么样的题材，做了什么，然后有什么样的结果。最后我写的是"还请各位老师不吝赐教"等。

这是一本准备日志，不是教案。但是，这本日志对当时的工作起了很大的帮助。我一直在强调记录、记录，其实这些东西就等于是老师做的记录。刚开始上研究课的时候，谁都会担心，会不知所措，会纠结在课堂上要做些什么，要进行什么样的单元学习。之后会根据自己的理由，定下单元学习的内容。然后设计好课堂流程、板书写法。不要对自己的想法置之不理，应该通过某种形式将它们记录下来，这样你就会爱上自己的工作，鞭策自己不断进步。一个不热爱自己工作的人是不会取得进步的。

# 热爱工作，热爱付出

不管怎么说，年轻教师，或者说人在年轻的时候时间还是比较宽裕的。年轻时不仅精力充沛，也没有上有老下有小的生活压力，而且写出来的东西也不必拿给别人看，于是就能毫无顾忌地大胆地写。

对工作的热爱最终会为工作奠定一个良好的基础。但是在刚当上老师那会儿，虽然嘴上说着热爱工作，其实却并不了解工作内容。所以我们首先要融入工作，不能把它丢在一边。爱一个人不也是这样吗？"爱他"就不会忘了他，会一直想着他，对吧？

因此，只要热爱自己的工作，热爱自己的付出，并把它们记录下来，哪怕只记了一点点，也足以让自己在不知不觉中获得进步。这些话虽然有些说教性质，但我真的希望各位年轻教师能把这些逆耳良言听进去。之所以强调年轻教师，是因为人在年轻的时候总能抽出一些时间去写——年轻时相对还是比较闲的，并且写下来的这些东西也能给自己带来满足感。我很庆幸自己能把它们写下来。即使在很长一段时间里它们似乎都毫无用武之地，但是只要去写了，它们便是你过往的记录，能让你感受到自己曾经的努力。而那种感受对于任何人，即使不是教师，都是非常幸福的。[1]

---

[1]　出自大村滨老师在第十六次冬季语文教育研讨会（日本）上的演讲讲稿。（秋田县，1985年1月）

# 后 记

本书里的四篇文章是于不同时间、不同地点，针对不同对象所做的演讲讲稿，时间分别是1970年、1973年、1986年和1985年，地点则分别是富山、山形、大分和秋田。

《教学是什么》是1970年8月在富山县的教师培训上的演讲。培训对象是同年4月被录用的中小学教师，而培训举办的时间则刚好是大家忙完第一学期工作的时候。

那时候还没有推行现在这种新聘教师培训制度，一般都是各个地方对新聘教师进行单独培训。其中富山县尤为积极，很早就设立了心理发展室，其工作主要是举办各种跨学科讲座。我是受该机构指导主任岛村美代子老师之邀，才有幸获得了在这次培训上发言的机会。机构对我发言的要求是要撇去中小学之分，要跳脱学科的束缚，只讲一些通用、基础的东西。

在那之前，我虽然在语文教研室有过上课和发言的经验，但是要脱离语文教育、语文课堂的框架，以演讲的方式去讲教育和教育工作者这个更大的话题，这样的发言我还从来没有做过。即使在岛村老师的热情推荐下我早有心理准备，但内心依然充满了不安。那一天终于还是来了，而我依然没有想好演讲的主题。在车上，我拿着笔记本，一边回顾过往的经历，一边进行自我确认。我就这样来到了富山，并在主办方的带领下怀着忐忑不安的心情走进了会场。我在《教学是什么》出版后记中这样描述了当时映入眼帘的情景。

"会场里充满了青春的气息和活力。站在大家面前的时候，感觉他们就是我的后辈，就像我的弟弟妹妹一样"，这是我当时的真实感受。接着我又写道："我突然放松了下来，心情也轻松了许多，我们愉快地聊了一个多小时。"当时真的是有讲不完的话。而这些源源不断的话题灵感，正是在大家炯炯有神、求知若渴的眼神的鼓励下才涌现出来的。

《如何成为一名专业教师》是1973年2月在山形县天童市召开的研讨会上所做的演讲。我在后记中这样写道："在那个庄严肃穆的会场里流淌着一股严肃但又充满活力的热情。"会场来了许多与我一起做研究的前辈朋友，还有在战后那段茫然不知所措的混乱时期里，为开创新教育而共同献计出力的朋友和同事。与富山那场演讲不同的是，我当时是有备而去的。当我讲到"佛祖的手指"时，会场气氛立马变得活跃起来，那真是一个被我深藏在心底的看家宝。

而《如何打造魅力课堂》是我1986年10月在大分做的演讲，那时我已退休。距离《教学是什么》已过去了二十年。社会和学校都发生了翻天覆地的变化，不仅涌现出了各种各样的想法，也发表了各种各样的尝试和发现。那时，经常会听到"偏差值"这个词，上补习班的人数之多也成了当时的热门话题。

在整理这篇演讲稿时，我直接将题目定为《如何打造魅力课堂》。然后我在后面补充道："这是我的心愿。同时，我也极力希望它能成为我和读者共同的心愿。"

当我看到老师和孩子都被"会、不会""好、坏""赢、输"折腾得筋疲力尽时，我只希望我们的课堂有一天能够有足够吸引大家的魅力，能够摆脱掉这些标签。

而最后那篇短文，是1985年1月我在秋田做演讲时，以回答问题的方式所讲的内容，最初的题目并不是《珍惜当下，不忘初心》。只是让我讲一些年轻人感兴趣的内容。考虑到市面上已经有很多关于年轻时必须要做的事的心得体会，于是我便决定换个思路来讲，但是很可能并没有达到大家的预期。大家应该是希望我能说一些大道理，但我并不喜欢那样。如果大家能从我年轻时做过的不后悔的事情中得出一两个启示，那将是我莫大的荣幸。

这本书里的四篇文章是我从去各地做演讲的演讲稿中精心挑选出来的，希望这些内容能对包括教师在内的所有从事教育、指导工作的各行各业的同仁有所启发。并且，这一次的内容我是特意为年轻人选的。里面有一些是很久之前的演讲稿，虽然我也担心这些话题早已过时，但最终还是没有做大幅的改动。不过为了让内容简单易懂，我是尽了自己最大努力的。

　　希望在教与被教的日子里，这本收集了四篇文章的书能够成为年轻人的良师益友。

大 村 滨

1996 年 春

# "常青藤"书系—中青文教师用书总目录

| 书名 | 书号 | 定价 |
|---|---|---|
| **特别推荐——从优秀到卓越系列** | | |
| ★ 从优秀教师到卓越教师：极具影响力的日常教学策略 | 9787515312378 | 33.80 |
| ★ 从优秀教学到卓越教学：让学生专注学习的最实用教学指南 | 9787515324227 | 39.90 |
| ★ 从优秀学校到卓越学校：他们的校长在哪些方面做得更好 | 9787515325637 | 59.90 |
| ★ 卓越课堂管理（中国教育新闻网2015年度"影响教师的100本书"） | 9787515331362 | 88.00 |
| **名师新经典/教育名著** | | |
| 最难的问题不在考试中：先别教答案，带学生自己找到想问的事 | 9787515365930 | 48.00 |
| 在芬兰中小学课堂观摩研修的365日 | 9787515363608 | 49.00 |
| 马文·柯林斯的教育之道：通往卓越教育的路径（《中国教育报》2019年度"教师喜爱的100本书"，中国教育新闻网"影响教师的100本书"。朱永新作序，李希贵力荐） | 9787515355122 | 49.80 |
| 如何当好一名学校中层：快速提升中层能力、成就优秀学校的31个高效策略 | 9787515346519 | 49.00 |
| 像冠军一样教学：引领学生走向卓越的62个教学诀窍 | 9787515343488 | 49.00 |
| 像冠军一样教学2：引领教师掌握62个教学诀窍的实操手册与教学资源 | 9787515352022 | 68.00 |
| 如何成为高效能教师 | 9787515301747 | 89.00 |
| 给教师的101条建议（第三版）（《中国教育报》"最佳图书"奖） | 9787515342665 | 49.00 |
| 改善学生课堂表现的50个方法（入选《中国教育报》"影响教师的100本书"） | 9787500693536 | 33.00 |
| 改善学生课堂表现的50个方法操作指南：小技巧获得大改变 | 9787515334783 | 39.00 |
| 美国中小学世界历史读本 / 世界地理读本 / 艺术史读本 | 9787515317397等 | 106.00 |
| 美国语文读本1-6 | 9787515314624等 | 252.70 |
| 和优秀教师一起读苏霍姆林斯基 | 9787500698401 | 27.00 |
| 快速破解60个日常教学难题 | 9787515339320 | 39.90 |
| 美国最好的中学是怎样的——让孩子成为学习高手的乐园 | 9787515344713 | 28.00 |
| 建立以学习共同体为导向的师生关系：让教育的复杂问题变得简单 | 9787515353449 | 33.80 |
| **教师成长/专业素养** | | |
| 教师的专业成长与评价性思考：专业主义如何影响和改变教育 | 9787515369143 | 49.90 |
| 精益教育与可见的学习：如何用更精简的教学实现更好的学习成果 | 9787515368672 | 59.00 |
| 教学这件事：感动几代人的教师专业成长指南 | 9787515367910 | 49.00 |
| 如何更快地变得更好：新教师90天培训计划 | 9787515365824 | 59.90 |
| 让每个孩子都发光：赋能学生成长、促进教师发展的KIPP学校教育模式 | 9787515366852 | 59.00 |
| 60秒教师专业发展指南：给教师的239个持续成长建议 | 9787515366739 | 59.90 |
| 通过积极的师生关系提升学生成绩：给教师的行动清单 | 9787515356877 | 49.00 |
| 卓越教师工具包：帮你顺利度过从教的前5年 | 9787515361345 | 49.00 |
| ★ 可见的学习与深度学习：最大化学生的技能、意志力和兴奋感 | 9787515361116 | 45.00 |
| 学生教给我的17件重要的事：带给你爱、勇气、坚持与创意的人生课堂 | 9787515361208 | 39.80 |
| ★ 教师如何持续学习与精进 | 9787515361109 | 39.00 |
| 从实习教师到优秀教师 | 9787515358673 | 39.90 |
| 像领袖一样教学：改变学生命运，使学生变得更好（中国教育新闻网2015年度"影响教师的100本书"） | 9787515355375 | 49.00 |
| ★ 你的第一年：新教师如何生存和发展 | 9787515351599 | 33.80 |
| 教师精力管理：让教师高效教学，学生自主学习 | 9787515349169 | 39.90 |
| 如何使学生成为优秀的思考者和学习者：哈佛大学教育学院课堂思考解决方案 | 9787515348155 | 49.90 |
| 反思性教学：一个已被证明能让教师做到更好的培训项目（30周年纪念版） | 9787515347837 | 59.90 |
| 凭什么让学生服你：极具影响力的日常教育策略（中国教育新闻网2017年度"影响教师的100本书"） | 9787515347554 | 39.90 |
| 运用积极心理学提高学生成绩（中国教育新闻网2017年度"影响教师的100本书"） | 9787515345680 | 59.90 |

| | 书名 | 书号 | 定价 |
|---|---|---|---|
| | 可见的学习与思维教学：成长型思维教学的54个教学资源：教学资源版 | 9787515354743 | 36.00 |
| ★ | 可见的学习与思维教学：让教学对学生可见，让学习对教师可见（中国教育报2017年度"教师最喜爱的100本书"） | 9787515345000 | 39.90 |
| | 教学是一段旅程：成长为卓越教师你一定要知道的事 | 9787515344478 | 39.00 |
| | 安奈特·布鲁肖写给教师的101首诗 | 9787515340982 | 35.00 |
| | 万人迷老师养成宝典学习指南 | 9787515340784 | 28.00 |
| | 中小学教师职业道德培训手册：师德的定义、养成与评估 | 9787515340777 | 32.00 |
| | 成为顶尖教师的10项修炼（中国教育新闻网2015年度"影响教师的100本书"） | 9787515334066 | 49.90 |
| ★ | T. E. T. 教师效能训练：一个已被证明能让所有年龄学生做到最好的培训项目（30周年纪念版）（中国教育新闻网2015年度"影响教师的100本书"） | 9787515332284 | 49.00 |
| | 教学需要打破常规：全世界最受欢迎的创意教学法（中国教育新闻网2015年度"影响教师的100本书"） | 9787515331591 | 45.00 |
| | 给幼儿教师的100个创意：幼儿园班级设计与管理 | 9787515330310 | 39.90 |
| | 给小学教师的100个创意：发展思维能力 | 9787515327402 | 29.00 |
| | 给中学教师的100个创意：如何激发学生的天赋和特长 / 杰出的教学 / 快速改善学生课堂表现 | 9787515330723等 | 87.90 |
| | 以学生为中心的翻转教学11法 | 9787515328386 | 29.00 |
| | 如何使教师保持职业激情 | 9787515305868 | 29.00 |
| ★ | 如何培训高效能教师：来自全美权威教师培训项目的建议 | 9787515324685 | 39.90 |
| | 良好教学效果的12试金石：每天都需要专注的事情清单 | 9787515326283 | 29.90 |
| ★ | 让每个学生主动参与学习的37个技巧 | 9787515320526 | 45.00 |
| | 给教师的40堂培训课：教师学习与发展的最佳实操手册 | 9787515352787 | 39.90 |
| | 提高学生学习效率的9种教学方法 | 9787515310954 | 27.80 |
| ★ | 优秀教师的课堂艺术：唤醒快乐积极的教学技能手册 | 9787515342719 | 26.00 |
| ★ | 万人迷老师养成宝典（第2版）（入选《中国教育报》"2010年影响教师的100本书"） | 9787515342702 | 39.00 |
| | 高效能教师的9个习惯 | 9787500699316 | 26.00 |
| **课堂教学/课堂管理** | | | |
| ★ | 像行为管理大师一样管理你的课堂：给教师的课堂行为管理解决方案 | 9787515368108 | 59.00 |
| | 差异化教学与个性化教学：未来多元课堂的智慧教学解决方案 | 9787515367095 | 49.90 |
| | 如何设计线上教学细节：快速提升线上课程在线率和课堂学习参与度 | 9787515365886 | 49.00 |
| | 设计型学习法：教学与学习的重新构想 | 9787515366982 | 59.00 |
| | 让学习真正在课堂上发生：基于学习状态、高度参与、课堂生态的深度教学 | 9787515366975 | 49.00 |
| | 让教师变得更好的75个方法：用更少的压力获得更快的成功 | 9787515365831 | 49.00 |
| | 技术如何改变教学：使用课堂技术创造令人兴奋的学习体验，并让学生对学习记忆深刻 | 9787515366661 | 49.00 |
| | 课堂上的问题形成技术：老师怎样做，学生才会提出好的问题 | 9787515366401 | 45.00 |
| | 翻转课堂与项目式学习 | 9787515365817 | 45.00 |
| ★ | 优秀教师一定要知道的19件事：回答教师核心素养问题，解读为什么要向优秀者看齐 | 9787515366630 | 39.00 |
| | 从作业设计开始的30个创意教学法：运用互动反馈循环实现深度学习 | 9787515366364 | 59.00 |
| | 基于课堂中精准理解的教学设计 | 9787515365909 | 49.00 |
| | 如何创建培养自主学习者的课堂管理系统 | 9787515365879 | 49.00 |
| | 如何设计深度学习的课堂：引导学生学习的176个教学工具 | 9787515366715 | 49.90 |
| | 如何提高课堂创意与参与度：每个教师都可以使用的178个教学工具 | 9787515365763 | 49.90 |
| | 如何激活学生思维：激励学生学习与思考的187个教学工具 | 9787515365770 | 49.90 |
| | 男孩不难教：男孩学业、态度、行为问题的新解决方案 | 9787515364827 | 49.00 |
| ★ | 高度参与的线上线下融合式教学设计：极具影响力的备课、上课、练习、评价项目教学法 | 9787515364438 | 49.00 |
| ★ | 跨学科项目式教学：通过"+1"教学法进行计划、管理和评估 | 9787515361086 | 49.00 |
| | 课堂上最重要的56件事 | 9787515360775 | 35.00 |

| 书名 | 书号 | 定价 |
|---|---|---|
| ★ 全脑教学与游戏教学法 | 9787515360690 | 39.00 |
| ★ 深度教学：运用苏格拉底式提问法有效开展备课设计和课堂教学 | 9787515360591 | 49.90 |
| ★ 一看就会的课堂设计：三个步骤快速构建完整的课堂管理体系 | 9787515360584 | 39.90 |
| 如何有效激发学生学习兴趣 | 9787515360577 | 38.00 |
| 如何解决课堂上最关键的9个问题 | 9787515360195 | 49.00 |
| 多元智能教学法：挖掘每一个学生的最大潜能 | 9787515359885 | 39.00 |
| 探究式教学：让学生学会思考的四个步骤 | 9787515359496 | 39.00 |
| 课堂提问的技术与艺术 | 9787515358925 | 49.00 |
| 如何在课堂上实现卓越的教与学 | 9787515358321 | 49.00 |
| 基于学习风格的差异化教学 | 9787515358437 | 39.00 |
| ★ 如何在课堂上提问：好问题胜过好答案 | 9787515358253 | 39.00 |
| 高度参与的课堂：提高学生专注力的沉浸式教学 | 9787515357522 | 39.00 |
| 让学习变得有趣 | 9787515357782 | 39.00 |
| 如何利用学校网络进行项目式学习和个性化学习 | 9787515357591 | 39.00 |
| 基于问题导向的互动式、启发式与探究式课堂教学法 | 9787515356792 | 49.00 |
| 如何在课堂中使用讨论：引导学生讨论式学习的60种课堂活动 | 9787515357027 | 38.00 |
| 如何在课堂中使用差异化教学 | 9787515357010 | 39.00 |
| ★ 如何在课堂中培养成长型思维 | 9787515356754 | 39.00 |
| 每一位教师都是领导者：重新定义教学领导力 | 9787515356518 | 39.00 |
| ★ 教室里的1-2-3魔法教学：美国广泛使用的从学前到八年级的有效课堂纪律管理 | 9787515355986 | 39.00 |
| 如何在课堂中使用布卢姆教育目标分类法 | 9787515355658 | 39.00 |
| 如何在课堂上使用学习评估 | 9787515355597 | 39.00 |
| 7天建立行之有效的课堂管理系统：以学生为中心的分层式正面管教 | 9787515355269 | 29.00 |
| 积极课堂：如何更好地解决课堂纪律与学生的冲突 | 9787515354590 | 38.00 |
| 设计智慧课堂：培养学生一生受用的学习习惯与思维方式 | 9787515352770 | 39.00 |
| 追求学习结果的88个经典教学设计：轻松打造学生积极参与的互动课堂 | 9787515353524 | 39.00 |
| 从备课开始的100个课堂活动设计：创造积极课堂环境和学习乐趣的教师工具包 | 9787515353432 | 33.80 |
| 老师怎么教，学生才能记得住 | 9787515353067 | 48.00 |
| 多维互动式课堂管理：50个行之有效的方法助你事半功倍 | 9787515353395 | 39.00 |
| 智能课堂设计清单：帮助教师建立一套规范程序和做事方法 | 9787515352985 | 49.90 |
| 提升学生小组合作学习的56个策略：让学生变得专注、自信、会学习 | 9787515352954 | 29.90 |
| 快速处理学生行为问题的52个方法：让学生变得自律、专注、爱学习 | 9787515352428 | 39.00 |
| 王牌教学法：罗恩·克拉克学校的创意课堂 | 9787515352145 | 39.80 |
| 让学生快速融入课堂的88个趣味游戏：让上课变得新颖、紧凑、有成效 | 9787515351889 | 39.00 |
| ★ 如何调动与激励学生：唤醒每个内在学习者（李希贵校长推荐全校教师研读） | 9787515350448 | 39.80 |
| 合作学习技能35课：培养学生的协作能力和未来竞争力 | 9787515340524 | 59.00 |
| 基于课程标准的STEM教学设计：有趣有料有效的STEM跨学科培养教学方案 | 9787515349879 | 68.00 |
| 如何设计教学细节：好课堂是设计出来的 | 9787515349152 | 39.00 |
| 15秒课堂管理法：让上课变得有料、有趣、有秩序 | 9787515348490 | 49.00 |
| 混合式教学：技术工具辅助教学实操手册 | 9787515347073 | 39.80 |
| 从备课开始的50个创意教学法 | 9787515346618 | 39.00 |
| 中学生实现成绩突破的40个引导方法 | 9787515345192 | 33.00 |
| 给小学教师的100个简单的科学实验创意 | 9787515342481 | 39.00 |
| 老师如何提问，学生才会思考 | 9787515341217 | 49.00 |
| 教师如何提高学生小组合作学习效率 | 9787515340340 | 39.00 |
| 卓越教师的200条教学策略 | 9787515340401 | 49.90 |

| 书名 | 书号 | 定价 |
|---|---|---|
| 中小学生执行力训练手册：教出高效、专注、有自信的学生 | 9787515335384 | 49.90 |
| 从课堂开始的创客教育：培养每一位学生的创造能力 | 9787515342047 | 33.00 |
| 提高学生学习专注力的8个方法：打造深度学习课堂 | 9787515333557 | 35.00 |
| 改善学生学习态度的58个建议 | 9787515324067 | 36.00 |
| ★ 全脑教学（中国教育新闻网2015年度"影响教师的100本书"） | 9787515323169 | 38.00 |
| ★ 全脑教学与成长型思维教学：提高学生学习力的92个课堂游戏 | 9787515349466 | 39.00 |
| ★ 哈佛大学教育学院思维训练课：让学生学会思考的20个方法 | 9787515325101 | 59.90 |
| 完美结束一堂课的35个好创意 | 9787515325163 | 28.00 |
| 如何更好地教学：优秀教师一定要知道的事 | 9787515324609 | 49.90 |
| 带着目的教与学 | 9787515323978 | 39.90 |
| 美国中小学生社会技能课程与活动（学前阶段/1-3年级/4-6年级/7-12年级） | 9787515322537等 | 215.70 |
| 彻底走出教学误区：开启轻松智能课堂管理的45个方法 | 9787515322285 | 28.00 |
| 破解问题学生的行为密码：如何教好焦虑、逆反、孤僻、暴躁、早熟的学生 | 9787515322292 | 36.00 |
| 13个教学难题解决手册 | 9787515320502 | 28.00 |
| ★ 让学生爱上学习的165个课堂游戏 | 9787515319032 | 39.00 |
| 美国学生游戏与素质训练手册：培养孩子合作、自尊、沟通、情商的103种教育游戏 | 9787515325156 | 49.00 |
| 老师怎么说，学生才会听 | 9787515312057 | 39.00 |
| 快乐教学：如何让学生积极与你互动（入选《中国教育报》"影响教师的100本书"） | 9787500696087 | 29.00 |
| ★ 老师怎么教，学生才会提问 | 9787515317410 | 29.00 |
| ★ 快速改善课堂纪律的75个方法 | 9787515313665 | 39.90 |
| ★ 教学可以很简单：高效能教师轻松教学7法 | 9787515314457 | 39.00 |
| ★ 好老师可以避免的20个课堂错误（入选《中国教育报》"影响教师的100本图书"） | 9787500688785 | 39.90 |
| ★ 好老师应对课堂挑战的25个方法（《给教师的101条建议》作者新书） | 9787500699378 | 25.00 |
| ★ 好老师激励后进生的21个课堂技巧 | 9787515311838 | 39.80 |
| ★ 开始和结束一堂课的50个好创意 | 9787515312071 | 29.80 |
| 好老师因材施教的12个方法（美国著名教师伊莉莎白"好老师"三部曲） | 9787500694847 | 22.00 |
| ★ 如何打造高效能课堂 | 9787500680666 | 29.00 |
| 合理有据的教师评价：课堂评估衡量学生进步 | 9787515330815 | 29.00 |
| **班主任工作/德育** | | |
| ★ 北京四中8班的教育奇迹 | 9787515321608 | 36.00 |
| ★ 师德教育培训手册 | 9787515326627 | 29.80 |
| 中小学教师职业道德培训手册：师德的定义、养成与评估 | 9787515340777 | 32.00 |
| ★ 好老师征服后进生的14堂课（美国著名教师伊莉莎白"好老师"三部曲） | 9787500693819 | 39.90 |
| 优秀班主任的50条建议：师德教育感动读本（《中国教育报》专题推荐） | 9787515305752 | 23.00 |
| **学校管理/校长领导力** | | |
| ★ 哈佛大学教育学院学校创新管理课 | 9787515369389 | 59.90 |
| 如何构建积极型学校 | 9787515368818 | 49.90 |
| 卓越课堂的50个关键问题 | 9787515366678 | 39.00 |
| 如何培养卓越教师：给学校管理者的行动清单 | 9787515357034 | 39.00 |
| ★ 学校管理最重要的48件事 | 9787515361055 | 39.80 |
| 重新设计学习和教学空间：设计利于活动、游戏、学习、创造的学习环境 | 9787515360447 | 49.90 |
| 重新设计一所好学校：简单、合理、多样化地解构和重塑现有学习空间和学校环境 | 9787515356129 | 49.00 |
| 让樱花绽放英华 | 9787515355603 | 79.00 |
| 学校管理者平衡时间和精力的21个方法 | 9787515349886 | 29.90 |
| 校长引导中层和教师思考的50个问题 | 9787515349176 | 29.00 |
| 如何定义、评估和改变学校文化 | 9787515340371 | 29.80 |

| 书名 | 书号 | 定价 |
|---|---|---|
| 优秀校长一定要做的18件事（入选《中国教育报》"2009年影响教师的100本书"） | 9787515342733 | 39.90 |
| **学科教学/教科研** | | |
| 中学古文观止50讲：文言文阅读能力提升之道 | 9787515366555 | 59.90 |
| 完美英语备课法：用更短时间和更少材料让学生高度参与的100个课堂游戏 | 9787515366524 | 49.00 |
| 人大附中整本书阅读取胜之道：让阅读与作文双赢 | 9787515364636 | 59.90 |
| 北京四中语文课：千古文章 | 9787515360973 | 59.00 |
| 北京四中语文课：亲近经典 | 9787515360980 | 59.00 |
| 从备课开始的56个英语创意教学：快速从小白老师到名师高手 | 9787515359878 | 49.00 |
| 美国学生写作技能训练 | 9787515355979 | 39.90 |
| 《道德经》妙解、导读与分享（诵读版） | 9787515351407 | 49.00 |
| 京沪穗江浙名校名师联手教你：如何写好中考作文 | 9787515356570 | 49.00 |
| 京沪穗江浙名校名师联手授课：如何写好高考作文 | 9787515356686 | 49.80 |
| ★ 人大附中中考作文取胜之道 | 9787515345567 | 59.90 |
| ★ 人大附中高考作文取胜之道 | 9787515320694 | 49.90 |
| ★ 人大附中学生这样学语文：走近经典名著 | 9787515328959 | 49.90 |
| 四界语文（入选《中国教育报》2017年度"教师喜爱的100本书"） | 9787515348483 | 49.00 |
| 让小学一年级孩子爱上阅读的40个方法 | 9787515307589 | 39.90 |
| 让学生爱上数学的48个游戏 | 9787515326207 | 26.00 |
| 轻松100课教会孩子阅读英文 | 9787515338781 | 88.00 |
| **情商教育/心理咨询** | | |
| 9节课，教你读懂孩子：妙解亲子教育、青春期教育、隔代教育难题 | 9787515351056 | 39.80 |
| ★ 学生版盖洛普优势识别器（独一无二的优势测量工具） | 9787515350387 | 169.00 |
| 与孩子好好说话（获"美国国家育儿出版物（NAPPA）金奖"） | 9787515350370 | 39.80 |
| 中小学心理教师的10项修炼 | 9787515309347 | 36.00 |
| 别和青春期的孩子较劲（增订版）（入选《中国教育报》"2009年影响教师的100本书"） | 9787515343075 | 39.90 |
| ★ 100条让孩子胜出的社交规则 | 9787515327648 | 28.00 |
| 守护孩子安全一定要知道的17个方法 | 9787515326405 | 32.00 |
| **幼儿园/学前教育** | | |
| 中挪学前教育合作式学习：经验·对话·反思 | 9787515364858 | 79.00 |
| 幼小衔接听读能力课 | 9787515364643 | 33.00 |
| 用蒙台梭利教育法开启0~6岁男孩潜能 | 9787515361222 | 45.00 |
| 德国幼儿的自我表达课：不是孩子爱闹情绪，是她/他想说却不会说！ | 9787515359458 | 59.00 |
| 德国幼儿教育成功的秘密：近距离体验德国学前教育理念与幼儿园日常活动安排 | 9787515359465 | 49.80 |
| 美国儿童自然拼读启蒙课：至关重要的早期阅读训练系统 | 9787515351933 | 49.80 |
| 幼儿园30个大主题活动精选：让工作更轻松的整合技巧 | 9787515339627 | 39.80 |
| ★ 美国幼儿教育活动大百科：3-6岁儿童学习与发展指南用书 科学/艺术/健康与语言/社会 | 9787515324265等 | 600.00 |
| 蒙台梭利早期教育法：3-6岁儿童发展指南（理论版） | 9787515322544 | 29.80 |
| 蒙台梭利儿童教育手册：3-6岁儿童发展指南（实践版） | 9787515307664 | 33.00 |
| ★ 自由地学习：华德福的幼儿园教育 | 9787515328300 | 49.90 |
| 赞美你：奥巴马给女儿的信 | 9787515303222 | 19.90 |
| 史上最接地气的幼儿书单 | 9787515329185 | 39.80 |
| **教育主张/教育视野** | | |
| 重新定义学习：如何设计未来学校与引领未来学习 | 9787515367484 | 49.90 |
| 教育新思维：帮助孩子达成目标的实战教学法 | 9787515365848 | 49.00 |
| 学习是如何发生的：教育心理学中的开创性研究及其实践意义 | 9787515366531 | 59.90 |

| 书名 | 书号 | 定价 |
|---|---|---|
| 父母不应该错过的犹太人育儿法 | 9787515365688 | 59.00 |
| 如何在线教学：教师在智能教育新形态下的生存与发展 | 9787515365855 | 49.00 |
| 正向养育：黑幼龙的慢养哲学 | 9787515365671 | 39.90 |
| 颠覆教育的人：蒙台梭利传 | 9787515365572 | 59.00 |
| 如何科学地帮助孩子学习：每个父母都应知道的77项教育知识 | 9787515368092 | 59.00 |
| 学习的科学：每位教师都应知道的99项教育研究成果（升级版） | 9787515368078 | 59.00 |
| 学习的科学：每位教师都应知道的77项教育研究成果 | 9787515364094 | 59.00 |
| 真实性学习：如何设计体验式、情境式、主动式的学习课堂 | 9787515363769 | 49.00 |
| 哈佛前1%的秘密（俞敏洪、成甲、姚梅林、张梅玲推荐） | 9787515363349 | 59.90 |
| 基于七个习惯的自我领导力教育设计：让学校育人更有道，让学生自育更有根 | 9787515362809 | 69.00 |
| 终身学习：让学生在未来拥有不可替代的决胜力 | 9787515360560 | 49.90 |
| 颠覆性思维：为什么我们的阅读方式很重要 | 9787515360393 | 39.90 |
| 如何教学生阅读与思考：每位教师都需要的阅读训练手册 | 9787515359472 | 39.00 |
| 成长型教师：如何持续提升教师成长力、影响力与教育力 | 9787515368689 | 48.00 |
| 教出阅读力 | 9787515352800 | 39.90 |
| 为学生赋能：当学生自己掌控学习时，会发生什么 | 9787515352848 | 33.00 |
| 如何用设计思维创意教学：风靡全球的创造力培养方法 | 9787515352367 | 39.80 |
| 如何发现孩子：实践蒙台梭利解放天性的趣味游戏 | 9787515325750 | 32.00 |
| 如何学习：用更短的时间达到更佳效果和更好成绩 | 9787515349084 | 49.00 |
| 教师和家长共同培养卓越学生的10个策略 | 9787515331355 | 27.00 |
| ★ 如何阅读：一个已被证实的低投入高回报的学习方法 | 9787515346847 | 39.00 |
| ★ 芬兰教育全球第一的秘密（钻石版）（《中国教育报》等主流媒体专题推荐） | 9787515359922 | 59.00 |
| 世界最好的教育给父母和教师的45堂必修课（《芬兰教育全球第一的秘密》2） | 9787515342696 | 28.00 |
| ★ 杰出青少年的7个习惯（精英版） | 9787515342672 | 39.00 |
| 杰出青少年的7个习惯（成长版） | 9787515335155 | 29.00 |
| ★ 杰出青少年的6个决定（领袖版）（全国优秀出版物奖） | 9787515342658 | 49.90 |
| ★ 7个习惯教出优秀学生（第2版）（全球畅销书《高效能人士的七个习惯》教师版） | 9787515342573 | 39.90 |
| 学习的科学：如何学习得更好更快（入选中国教育网2016年度"影响教师的100本书"） | 9787515341767 | 39.80 |
| 杰出青少年构建内心世界的5个坐标（中国青少年成长公开课） | 9787515314952 | 59.00 |
| ★ 跳出教育的盒子（第2版）（美国中小学教学经典畅销书） | 9787515344676 | 35.00 |
| 夏烈教授给高中生的19场讲座 | 9787515318813 | 29.90 |
| ★ 学习之道：美国公认经典学习书 | 9787515342641 | 39.00 |
| ★ 翻转学习：如何更好地实践翻转课堂与慕课教学（中国教育新闻网2015年度"影响教师的100本书"） | 9787515334837 | 32.00 |
| ★ 翻转课堂与慕课教学：一场正在到来的教育变革 | 9787515328232 | 26.00 |
| 翻转课堂与混合式教学：互联网+时代，教育变革的最佳解决方案 | 9787515349022 | 29.80 |
| 翻转课堂与深度学习：人工智能时代，以学生为中心的智慧教学 | 9787515351582 | 29.80 |
| ★ 奇迹学校：震撼美国教育界的教学传奇（中国教育新闻网2015年度"影响教师的100本书"） | 9787515327044 | 36.00 |
| ★ 学校是一段旅程：华德福教师1-8年级教学手记 | 9787515327945 | 49.00 |
| ★ 高效能人士的七个习惯（30周年纪念版）（全球畅销书） | 9787515360430 | 79.00 |

**您可以通过如下途径购买：**
1. 书　　店：各地新华书店、教育书店。
2. 网上书店：当当网（www.dangdang.com）、天猫（zqwts.tmall.com）、京东网（www.jd.com）。
3. 团　　购：各地教育部门、学校、教师培训机构、图书馆团购，可享受特别优惠。
　购书热线：010-65511272 / 65516873

# 高度参与的课堂：提高学生专注力的沉浸式教学

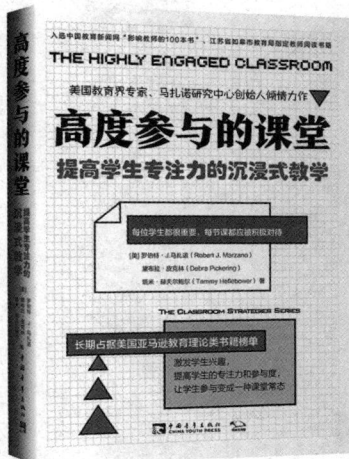

ISBN：978-7-5153-5752-2
作者：[美] 罗伯特·J. 马扎诺
　　　黛布拉·皮克林
　　　塔米·赫夫尔鲍尔
定价：39.90元

- 入选中国教育网2019年度"影响教师的100本书"
- 让学生参与变成一种常态

○ 美国教育界专家、马扎诺研究中心创始人倾情力作
○ 帮助教师更轻松管理课堂，帮助学生更容易融入课堂

## 内容简介：

　　**本书涉及的课堂实践可以积极地影响学生的专注力和参与度。**学生在课堂上的高度参与显然是高效教学的核心方面之一。如果学生不积极参与，他们就几乎没有机会学到课堂上的知识。利用本书中提出的实用性建议，每位教师都可以创造一个课堂环境，让学生对以下四个问题产生积极应答，让学生参与变成一种课堂常态：

·我感觉如何？　　　　·我感兴趣吗？　　　　·这重要吗？　　　　·我能做到吗？

　　**本书阐述了教学视角的根本性改变。**"我感觉如何"关乎学生情感，"我感兴趣吗"关乎课堂吸引程度，这两个问题和专注力有关。"这重要吗"探讨学生如何将课堂目标与个人目标联系起来，"我能做到吗"说的是如何培养学生的自我效能感，这两个问题涉及长期的课堂参与，对这两个问题的解决，也为教师、学校开辟了新的教学视角。除了专注于教授学生学术内容，教师还应让学生意识到，他们认为什么是重要的，以及他们的思维模式如何对他们的生活产生积极或消极的影响。这种意识可以帮助学生学到更重要、更具影响力的知识。

## 作者简介：

　　**罗伯特·J. 马扎诺博士**，美国教育界专家，马扎诺研究中心联合创始人兼首席执行官、著名演讲者、培训师和作家。他将崭新的研究和理论转化为课堂实践，在国际上广为人知，并被教师和管理人员广泛应用。

　　**黛布拉·皮克林博士**，马扎诺研究中心高级学者，致力于为众多学校和地区提供教育咨询。作为一名课堂教师、教育界领导者和学区行政管理人员，皮克林博士在其整个教育生涯中获得了丰富的实践经验。

　　**塔米·赫夫尔鲍尔博士**，马扎诺研究中心副总裁，同时也是一名教育顾问。赫夫尔鲍尔博士在密苏里州堪萨斯城开始了她的教学生涯，后来搬到内布拉斯加州，在那里获得了地区杰出教师奖。

# 真实性学习

## 如何设计体验式、情境式、主动式的学习课堂

ISBN：978-7-5153-6376-9

作者：[美] 托马斯·C. 默里

2021-6　定价：49.00元

★ 新思维、新方法、新工具，打造精准、高效、全面、科学的个性化教学体系

★ 美国年度教育思想领袖、年度教育政策人物、入选美国学校董事会协会"值得期待的20名教育者"重磅力作

★ 注重学生的独特需求，开展文化适应性教学，创造个性化的学习体验，建立更深层次的师生关系，让学生从被动接受信息到主动创造内容

**内容简介：** 真实性学习是指基于真实生活并面向真实世界的学习，它是一种鼓励学生积极创造、合作共享的学习方式。随着信息化时代的发展，人工智能的出现在教育领域引起了巨大的变革。传统的、线性的教学模式"教师教—学生学—学生考—教师再教"已无法满足当前的学校教育状况，学校教育必须开始重新思考"教育应该培养什么样的人"、"学校所教育出来的学生是否具备面向未来社会的思维与能力"。现今，世界各国都在争先恐后地研究如何提升学生适应未来社会、解决真实问题的能力。

要想为学生构建真实性和个性化的学习体验，广大教育工作者就应该做到这些：

◆ 注重学生的社会情感需求
◆ 开展文化适应性教学
◆ 建构相关性和情境化的学习体验
◆ 释放学生的兴趣、激情和特长
◆ 让学生从被动接受信息到主动创造和设计学习内容
◆ 设置灵活的进度和探索路径
◆ 提供具体且真实有效的反馈

**托马斯·C. 默里** 经验丰富的教育者，倡导以学生为中心的个性化学习与真实性学习，同时引领着面向未来的数字化学习。默里曾被美国学校董事会协会（NSBA）评为"值得期待的20名教育者"之一，2015年被艺术与科学学院评为"年度教育政策人物"。

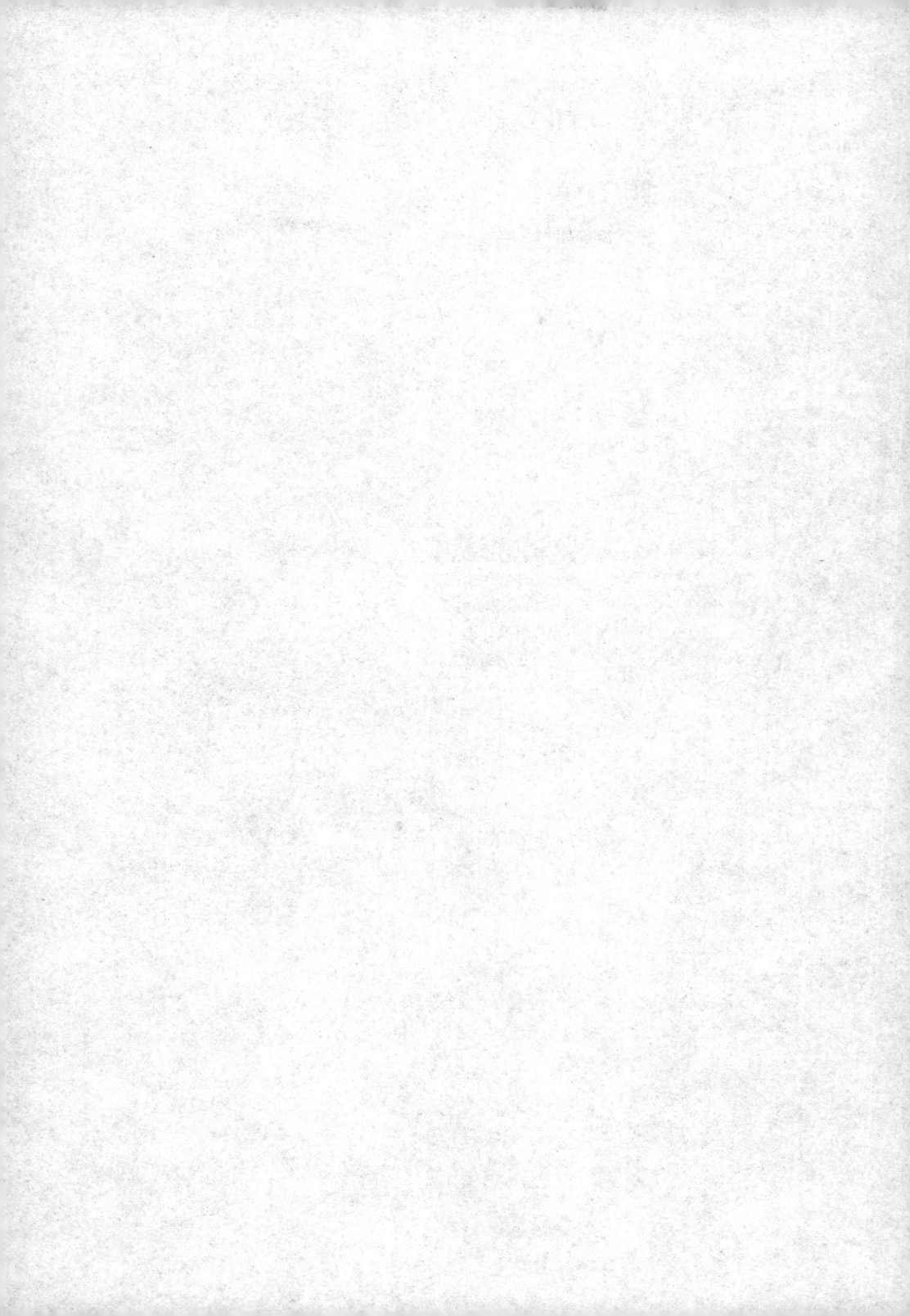